Silke Arends

Das Nordseefischerkochbuch

Rezepte & Geschichten

Silke Arends

Das Nordseefischerkochbuch

Rezepte & Geschichten

Koehlers Verlagsgesellschaft · Hamburg

Fotos: Silke Arends, soweit nicht anders angegeben.

Ein Gesamtverzeichnis der lieferbaren Titel schicken wir Ihnen gerne zu.
Bitte senden Sie eine E-Mail mit Ihrer Adresse an:
vertrieb@koehler-books.de
Sie finden uns auch im Internet unter: www.koehler-books.de

Bibliografische Information der Deutschen Nationalbibliothek
Die Deutsche Nationalbibliothek verzeichnet diese Publikation in
der Deutschen Nationalbibliografie; detaillierte bibliografische
Daten sind im Internet über http://dnb.d-nb.de abrufbar.

ISBN 978-3-7822-1072-0
Koehlers Verlagsgesellschaft, Hamburg

© 2013 by Maximilian Verlag, Hamburg
Ein Unternehmen der Tamm Media
Alle Rechte vorbehalten.

Layout/Produktion: Inge Mellenthin

Druck und Bindung: Reálszisztéma Dabas Druckerei AG, Ungarn

Inhalt

*Alles im Lot auf'm Boot,
alles in Butter auf'm Kutter …* ... 6

Stiene Bruhns — DIT3   10
»Kabeljau-Spinat-Auflauf« 13
»Annäus-Suppe« 14
»Granat-Tomaten« 18
»Hinnis Kürbiskraut« 19
»Sesamscholle« 21

Friedrich Conradi — GRE24   22
»Pfannekuchen mit Krabben« 24
»Krabben-Frikadellen« 27
»Seezunge mit Milchreis: süß!« 28

Andrea — NOR204   32
»Miesmuscheln rheinische Art« 34
»Butt mit Püree und Bohnensalat« ... 37
»Saure Muscheln« 38
»Muschelragout« 39

Medusa — NEU231   40
»Pellkartoffeln mit Brathering
und Duxelsoße« 43
»Granat in Sauer« 45
»Kassler mit Ananas« 46

Hein Godenwind — VAR6   50
»Hans' Miesmuschel-Topf« 53
»Hallig-Soße« 56
»Überbackene Muscheln« 57

Rubin — FED12   58
»Fisch-Gratin« 61
»Stint süß-sauer« 62
»Marthas Heringssalat« 67

Saphir — CUX14   68
»Fischauflauf Saphir« 71
»Gestovte Krabben« 72
»Steckrübensuppe à la Jens« 74

Marlies — SD33   77
»Aalsuppe« 78
»Bratkartoffeln, Krabben und
gepfeffertes Spiegelei« 83
»Krabben in Mayonnaise« 84
»Kabeljau pur« 84
»Telsches Gurkensalat« 85

Friesland — HUS18   88
»Krabben-Cocktail« 91
»Oma Rhodes Krabbenfrikadellen« ... 91
»Krabbensuppe« 94
»Porren-Pann« 97

Columbus — PEL33   98
»Steinbutt-Pfanne« 101
»Frische Suppe« 103
»Boddermelksopp un Klümp« 105

*Krabbenpulanleitung der »Butjadinger
Fischereigenossenschaft eG«*   109

Alles im Lot auf'm Boot, alles in Butter auf'm Kutter ...

(frei nach Käpt'n Blaubär)

Für den einen ist es Küstenkitsch, für den anderen ist es das höchste aller maritimen Gefühle: ein Spaziergang durch einen Hafen, in dem sich Kutter aneinanderschmiegen und die Luft von dem erfüllt ist, was das Meer an Sehnsüchten hervorbringt.

Die Fischer, die dort mit ihren Schiffen festmachen, sind mit Seewasser getauft, denn schon ihre Urgroßväter wussten den richtigen Kurs zu den besten Fanggründen. Tagelang sind sie auf dem Meer, um das frisch anzulanden, was sich andernorts auf den Speisekarten wiederfindet.

Kein Wunder, dass die Fischer auch selber wissen, was schmeckt. Sie wissen, was Leib und Seele zusammenhält, wenn sie – von Wind, Wellen und Möwengekreisch begleitet – auf See unterwegs sind.

Im Nordseefischerkochbuch erfahren Sie von Menschen, die sich ihrem Beruf und der Nordsee verschrieben haben, lernen Sie das Leben an Bord kennen, machen Bekanntschaft mit Seemannsgarn und Netzflickern, und Sie erfahren, dass manche schwankende Kombüse ein Ort kulinarischer Entdeckungen sein kann.

Vom ostfriesischen Fischerdorf Ditzum bis hinauf zur schleswig-holsteinischen Insel Pellworm habe ich entlang der Nordseeküste zwei Handvoll Kutterfischer besucht und dabei Geschichten gehört und originelle Rezepte ausprobiert, die Lust aufs Meer und noch mehr machen: Appetit!

Silke Arends

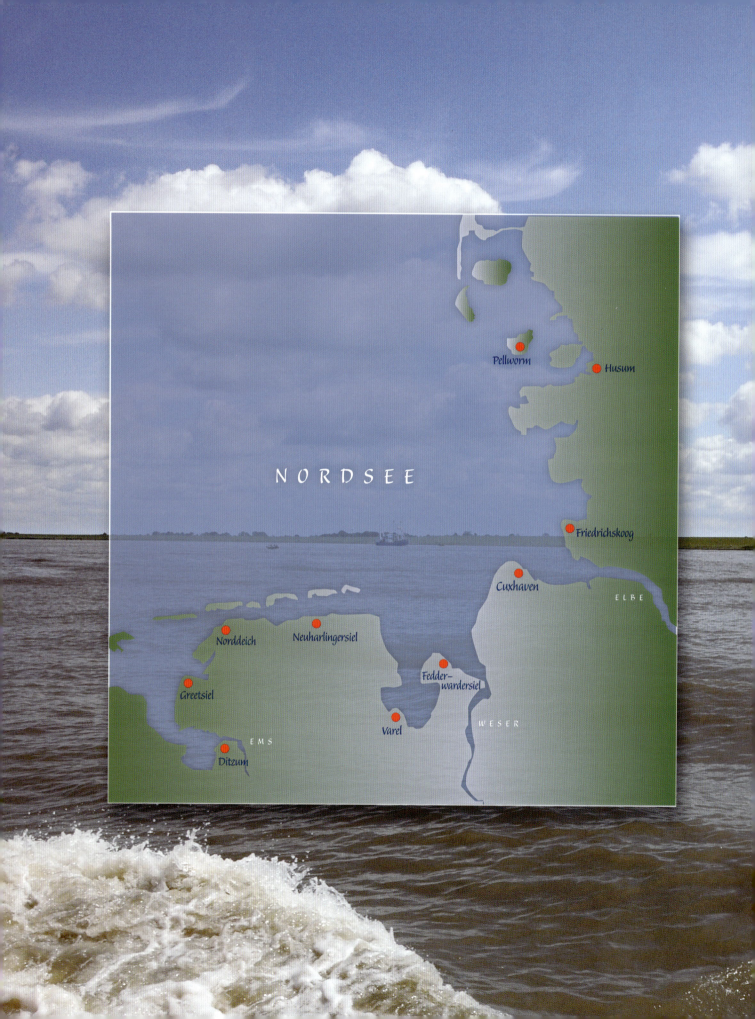

Anton Bruhns

Stiene Bruhns – DIT3

Anton Bruhns ist nicht gezwungen worden, er hat es einfach gemacht. Er ist Fischer geworden, weil sein Vater einer war und deren Vorfahren ebenfalls. So lässt sich die Linie der Ditzumer Familie bis in das Jahr 1760 verfolgen. Entsprechend traditionsreich ist auch der kleine Muhdehafen an der Ems, in dem sich heute sechs Kutter die Anlegeplätze teilen – in farbenfroher Abfolge und vereint durch den Zunamen »Bruhns«. »Ich war als Kind immer mit meinem Vater unterwegs und dermaßen wasserverliebt, da konnte ich gar nichts anderes werden«, erzählt Anton Bruhns augenzwinkernd. Also fing er mit 17, gleich nach Beendigung seiner Schulzeit, beruflich mit dem Fischen an.

Das war 1976. Seither ist viel Wasser die Ems rauf und runter geflossen, hat sich manches im Fischereigewerbe gewandelt. Anton Bruhns' Leidenschaft, »rauszufahren«, ist geblieben. Von März bis Dezember ist er mit der Stiene Bruhns – DIT3 auf See, um Krabben zu fangen. »Wenn es möglich ist, versuchen wir, in der Emsmündung Krabben zu fangen, und löschen dann zweimal in der Woche in Ditzum. Wird das Granatvorkommen saisonbedingt weniger, fischen wir von April bis Juli oder auch im August Seezungen und andere Plattfischarten.« Steuern die beiden Fischer Fanggebiete entlang der Küste Schleswig-Holsteins oder Dänemarks an, kann so ein Törn auch schon mal eine Woche und länger andauern. Möglich wird dies, weil die 1995 in Oldersum gebaute Stiene Bruhns ein Stahlkutter mit entsprechend großer Kühlraumkapazität ist. Sechs Tonnen, also 6.000 Kilogramm oder 300 Kisten, kann Anton Bruhns unter Deck bunkern.

Seit zehn Jahren sind Anton Bruhns und Timo Borg, der seine Lehre auf dem Kutter POG1 gemacht hat, ein eingespieltes Team. Der Koch an Bord ist der 53-jährige Kapitän. So wie er seine schwarze Wollmütze das ganze Jahr trägt – als Markenzeichen und Maskottchen zugleich. »Bei Schlechtwetter gibt es nur Suppe«, schmunzelt der bekennende Feinschmecker, der mit seiner Frau Hinriette zu Hause gerne am Herd fachsimpelt. »Bei langen ›Hols‹ habe ich natürlich die Zeit, aufwendiger zu kochen. Und dann gibt es oft Fisch, und das in allen Variationen.« Entsprechend ausgerüstet zeigt sich die gepflegte Kombüse der Stiene Bruhns,

»Kabeljau-Spinat-Auflauf« (für 2 Personen)

Zutaten:
400 g Kabeljaufilet
600 g frischer Blattspinat
2 Schalotten
2 Knoblauchzehen
2 Eier
50 ml süße Sahne
150 ml Crème fraîche
1 Esslöffel Zitronensaft
50 g Käseraspel (z. B. Gouda)
Butter
Gewürze: Salz, Pfeffer, Muskatnuss, Cayennepfeffer

Zubereitung:
Den Fisch abspülen, trocken tupfen und in feine Streifen schneiden. Mit Salz, Pfeffer und Zitronensaft würzen und beiseite stellen. Die Schalotten und den Knoblauch schälen, fein schneiden und in etwas Butter andünsten. Den Spinat waschen, trocken schleudern und dazugeben (man kann man auch tiefgefrorenen Blattspinat verwenden). Mit Salz, Pfeffer und Muskat würzen. Den Backofen auf 180 °C vorheizen. Eine Auflaufform ausfetten. Die Sahne mit der Crème fraîche, den beiden Eiern und den Käseraspeln verrühren und die Mischung kräftig mit Salz, Pfeffer und Cayennepfeffer würzen. Den Blattspinat gut ausdrücken und die Hälfte auf den Boden der Auflaufform geben. Die Hälfte des Fischfilets darauf verteilen, wieder Blattspinat und dann den restlichen Fisch aufschichten. Abschließend die Sahne-Käse-Eier-Mischung gleichmäßig darauf verteilen. Im Backofen auf mittlerer Schiene (160° Umluft) zirka 25 Minuten garen. Sofort servieren. Dazu schmeckt Basmatireis.

»Annäus-Suppe« (für 2 Personen)

Zutaten:

350 g Krebsfleisch (entspricht ca. sechs Taschenkrebsscheren, bekannt als »Helgoländer Knieper«)
1 Stange Porree
1 Zwiebel
1 Knoblauchzehe
1 kleines Glas Weißwein

Fischfond
Hummerpaste
Butter
Crème fraîche
Dill
Gewürze: Salz

Zubereitung:

Die Krebsscheren in kochendes Salzwasser legen und sie zirka 15 Minuten bei geringerer Hitze darin ziehen lassen. Den Porree, die Zwiebel und die Knoblauchzehe klein schneiden und in Butter andünsten. Den Wein hinzugeben, das Ganze ein wenig einköcheln lassen und die Brühe hinzufügen (ein Liter Wasser mit entsprechender Menge Fischfond). »Für den Geschmack und für die Farbe sollte man noch einen ordentlichen Teelöffel Hummerpaste einrühren«, verrät Anton Bruhns. Das gegarte Krebsfleisch aus den Scheren lösen (kein leichtes Unterfangen!), das Fleisch zerkleinern und zu guter Letzt in die heiße Brühe geben. Die Suppe mit etwas Dill verfeinern und beim Anrichten mit einem Klecks Crème fraîche pro Teller servieren.

die mit allerlei Gewürzkreationen und Zutaten aufwartet, die sich nicht nur zum Veredeln von Meeresfrüchte-Mahlzeiten eignen. Auf die Vielfalt der Speisefische angesprochen, die den Weg in seine Kombüse finden, gerät der ansonsten gelassen wirkende Ostfriese ins Schwärmen und holt im Nu eines seiner Fisch-Bestimmungsbücher hervor. Sein Interesse an den Flossen tragenden Bewohner des Meeres, das wird sogleich deutlich, endet nicht in der Pfanne, sondern ist längst zu einem Hobby geworden, das er auch zu Hause pflegt. Vier Aquarien hat sich der Ditzumer über die Jahre angelegt – für Exoten und »seine Bekannten« aus der Nordsee. Hinzu kommt ein Seewasseraquarium mit einem Fassungsvermögen von 400 Litern, in dem sich unter anderem Aale, Flundern und Seesterne tummeln. »Neulich haben die Aale meine Katzenhai-Babys verputzt«, grinst der Fischer über das tierische Malheur und erzählt, dass nicht selten Hunds- oder Katzenhaie in den Netzen der STIENE BRUHNS zappeln, die er dann zügig zurück ins nasse Element befördert. Diese sind ihm lieber als »Viperqueisen«, die als gefährlichste Vertreter der Familie der »Petermännchen« gelten und sich bevorzugt im flachen Küstenbereich der Nordsee aufhalten. »In den Flossenstrahlen ihrer ersten Rückenflosse befindet sich ein sehr starkes Gift. Deshalb darf man nie ungeschützt in den Fang greifen!«

Die Liebe zu den Fischen geht sogar so weit, dass Anton Bruhns ihr in seiner Freizeit und im Urlaub im wahrsten Sinne des Wortes auf den Grund geht: beim Tauchen in Thailand »und umzu«, zum Beispiel. Seit 1982 ist er Mitglied in der DLRG Leer, absolviert regelmäßige Arbeitstauchgänge oder übt sich gelegentlich beim Wracktauchen in der Nordsee – vorausgesetzt, es herrscht ruhige See. Nicht immer macht er dabei Erfahrungen, die er danach mit dem Taucheranzug abstreifen kann. Als im Juni 2004 der Greetsieler Kutter GRETJE bei Borkum von einem holländischen Kutter gerammt worden und gesunken war, waren es wenige Tage später Anton Bruhns und ein Tauchkamerad vom DLRG, die seinen toten Fischerkollegen Johann Conradi aus dem gesunkenen Kutter bargen. »Diesen Tag im Juni 2004 vergesse ich nicht. Wir sind untereinander nicht nur Kollegen, sondern als Fischer eine große Familie.«

Dieser gelebte Zusammenhalt hat wiederum mit Zugehörigkeit zu tun, und diese wird im Hafen von Ditzum seit einem Jahrzehnt von der »Ditzumer Haven- un Kuttergemeenskupp e.V.« gepflegt. Deren Mitstreiter kümmern sich um eine kleine museale Kutterflotte, zu der beispielsweise der betagte, hölzerne HINDERK gehört, richten alle zwei Jahre ein Traditionsschifftreffen aus und sind dabei, wenn jeden Sommer das Hafenfest samt Kutterkorso ansteht. Dass sich in Ditzum außerdem die in vierter Generation geführte, weithin bekannte Holzbootwerft Bültjer befindet, ist ein weiterer Anker, an dem man das maritime Flair des Ortes festmachen kann.

»Granat-Tomaten« (für 4 Personen)

Zutaten:

8 große, feste Tomaten
200 g Granatfleisch
1 Zwiebel
3 Essl. Mayonnaise
1 Essl. süße Sahne
1 TL Zitronensaft
1 Essl. gehackter Dill
2 Spritzer Chilisoße
1 TL Wodka
Gewürze: Salz, Pfeffer

Zubereitung:

Die Deckel von den Tomaten abschneiden, die Tomaten aushöhlen und von innen salzen und pfeffern. Den Zitronensaft, die Mayonnaise, die Sahne, den Dill und die fein gehackte Zwiebel vermischen und das Granatfleisch unterheben. Mit der Chilisoße, dem Wodka sowie Salz und Pfeffer sehr pikant abschmecken. Die Tomaten damit füllen und 30 Min. kühl stellen. Mit Dillzweigen garnieren und dazu gebuttertes Graubrot oder Schwarzbrot reichen – ergibt ein maritimes Abendbrot!

»Hinnis Kürbiskraut« (für 2–3 Portionen)

Zutaten:
400 g geschältes Hokkaido-Kürbisfleisch
1 Zwiebel
25 g Butter
7 Esslöffel Orangensaft
100 g Crème fraîche
2 Esslöffel Sahnemeerrettich
Gewürze: Salz, Pfeffer, Majoran

Zubereitung:
Das geschälte Kürbisfleisch auf einer Kastenreibe grob raspeln (schneller geht es mit der Küchenmaschine). Die Butter in der Pfanne aufschäumen lassen und darin die fein geschnittene Zwiebel bei mittlerer Hitze zirka drei bis vier Minuten unter Rühren dünsten. Das Kürbisfleisch, den Orangensaft, die Crème fraîche und etwas Majoran dazugeben und das Ganze bei schwacher Hitze etwa zehn bis zwölf Minuten im offenen Topf unter gelegentlichem Rühren dünsten. Abschließend mit zwei gehäuften Esslöffeln Sahnemeerrettich sowie mit Salz und Pfeffer würzen. »Hinnis Kürbiskraut« schmeckt gut zu Bratwurst und allem Kurzgebratenen.

»Sesamscholle« (für 2 Personen)

Zutaten:

300 g Schollenfilets ohne Haut
500 g Möhren
40 g Ingwerwurzel
1 Bund Koriandergrün
Ca. 5 Essl. Sesamsaat

25 g Butter
1–2 Essl. Zucker
2 Essl. Öl
1–2 TL Sojasoße
Gewürze: Salz, Pfeffer

Zubereitung:

Den Ingwer und die Möhren schälen, den Ingwer in feine Streifen schneiden, die Möhren in dünne Scheiben. Die Butter in der Pfanne erhitzen, darin den Ingwer eine Minute andünsten, die Möhren dazugeben sowie vier Esslöffel Wasser und den Zucker. Das Ganze zugedeckt bei mittlerer Hitze fünf bis sechs Minuten garen; bei Bedarf etwas Wasser zufügen. Inzwischen die Schollenfilets salzen, im Sesam wenden und in einer zweiten Pfanne im heißen Öl knusprig braten. Den Deckel von den Möhren nehmen, das Wasser vollständig verkochen lassen, das gezupfte Koriandergrün hinzugeben und mit Sojasoße, Salz und Pfeffer würzen. Das Gemüse auf zwei Tellern anrichten und mit den knusprigen Schollenfilets servieren.

Gerold Conradi

Friedrich Conradi – GRE24

Gerold Conradi hat seinen Kutter im Blick. Entweder ist er mit ihm auf See, oder er sieht sein Schiff, wenn er aus dem Fenster seines Hauses am Deich im Greetsieler Hafen guckt. »Ich lebe für die Fischerei«, sagt der 51-Jährige. »An erster Stelle steht natürlich meine Familie, aber dann …« Wenn Gerold Conradi nicht draußen ist, um Krabben zu fangen, kümmert er sich um die Belange seiner Kollegen und somit um seine Zunft. Das ist ihm so selbstverständlich wie das Zetern der Möwen. Zur Erzeugergemeinschaft der Kutter- und Küstenfischer »Emsmündung« e.V., deren Vorsitzender er seit 2003 ist, gehören 26 Fischer. 25 gehen auf Krabbenfang, einer hat sich auf Miesmuscheln spezialisiert. »Ich bin froh, dass ich Fischer geworden bin«, gesteht Gerold Conradi; dabei gab es nie einen Grund zur Annahme, dass er es nicht werden würde. Sein Großvater lebte diesen Broterwerb, sein Vater Friedrich ebenfalls. Drei Brüder hat Gerold Conradi: Hermannus ist wie er Kutterkapitän, Friedrich arbeitet im Fischereigewerbe, Johann, der Jüngste, kam 2004 bei einem Unglück mit seinem Kutter Gretje auf der Ems ums Leben.

Wenn Gerold Conradi von seiner Familie erzählt, dann nennt er die Namen der Schiffe im selben Atemzug. In einem dieser Namen schwingt die Freiheit schlechthin mit: Albatros – der Riese der Lüfte, der Segler am Himmel. Mit der Albatros, die vorher Mein Glück geheißen hatte, fischte Friedrich Conradi seinerzeit in der Emsmündung Wellhornschnecken. Dort waren auch schon sein Vater und dessen Brüder mit ihren Schiffen unterwegs gewesen, um jene Meeresfrucht aufzuspüren, die heute nur noch vereinzelt in Frankreich oder den Niederlanden als Delikatesse auf den Speisekarten zu finden ist. Der Kutter Mein Glück war 1940 bei der Schiffswerft Bültjer in Ditzum gebaut worden und blieb 30 Jahre im Dienst. 1970 verheizten die Conradis sein Holz im eigenen Ofen. Der Vorsteven ist erhalten und verwittert seither im »Oll Pastoren Tuun« – und erinnert an jene Zeit, als in Greetsiel noch weitaus mehr Fischer beheimatet waren. Die neue Albatros ging

»Pfannekuchen mit Krabben«

(für 4 Peronen)

Zutaten:
500 g Krabben
300 g Mehl
350 ml Milch
4 Eier
Margarine
Gewürze: Salz

Zubereitung:
Das Mehl, die Milch, die Eier und einen halben Teelöffel Salz zu einem Teig verrühren. Die Pfannkuchen in Margarine ausbacken, die gepulten Krabben darauf verteilen und dann aufrollen. »Auf der GRE 24 müssen es schon vier Pfannkuchen pro Person sein«, meint Gerold Conradi augenzwinkernd.

1971 auf Fahrt, mit dem bewährten Motor der Vorgängerin. Nachdem Gerold Conradis Vater 1977 starb, wurde seine Witwe Gretje Eigentümerin des Kutters. Fortan fuhr der Greetsieler Kutterkapitän Ysker für die Conradis mit der Albatros raus – und bildete an Bord die beiden ältesten Söhne Hermannus und Gerold aus, bis sie ab 1980 alleine mit dem Schiff auf Fangfahrt gingen. 1986 kaufte sich Gerold Conradi die heutige GRE 24 Friedrich Conradi; sein jüngster Bruder Johann, der indessen das Fischereihandwerk auf der GRE 3 erlernt hatte, ging zu Hermannus an Bord. Gerne erinnert sich Gerold Conradi an das Jahr 1997, als sich Johann einen eigenen Kutter gekauft und ihn als GRE 8 Gretje in Fahrt gebracht hatte: »Somit waren unsere Eltern wieder im Greetsieler Hafen vereint – Gretje und Friedrich Conradi.«

Dass sein Bruder im Juni 2004 bei einem Unglücksfall mit der Gretje ums Leben kam, gilt als das tragischste Kapitel in der Geschichte der Fischerfamilie Conradi. Ein niederländischer Kutter hatte das Greetsieler Schiff nachts bei einer Fangfahrt auf der Ems schlichtweg »überfahren«. Die Gretje wurde dabei unter Wasser gedrückt und sank. Zwei Männer konnten sich von Bord retten. Gerold Conradi, der zum Zeitpunkt des Geschehens nicht weit vom Boot seines Bruders Johann entfernt gefischt hatte, und etliche Kollegen halfen bei der Suche nach dem Kutterkapitän, der nur noch tot aus dem Wrack geborgen wer-

»Krabben-Frikadellen«
(für 2–3 Personen)

Zutaten:
1 kg Hackfleisch
(halb Mett, halb Gehacktes)
500 g Krabben
2 Eier
1 Zwiebel
Paniermehl
Öl
Margarine
Gewürze: Salz, Pfeffer

Zubereitung:
Das Hackfleisch mit der zerkleinerten Zwiebel, den beiden Eiern und etwas Paniermehl vermengen, mit Salz und Pfeffer abschmecken. Die gepulten Krabben hinzufügen und alles ordentlich vermischen. Die Masse zu Frikadellen formen und in Öl und Margarine braten. Dazu passen Salzkartoffeln und beispielsweise »Steuerbord-und-Backbord-Gemüse« (Erbsen und Wurzeln). »Wir müssen Paniermehl verwenden, da wir an Bord ja nun mal nicht auf die Brötchen vom Vortag zurückgreifen können«, lacht Conradi.

»Seezunge mit Milchreis: süß!« (für 2–3 Personen)

Zutaten:

1 kg Seezunge
1 l Milch
250 g Milchreis
Öl
Margarine
Zucker
Gewürze: Salz, Zimt

Zubereitung:

Die Milch in einen Topf geben, einen Teelöffel Salz unterrühren und die Milch zum Kochen bringen. Den Milchreis hinzufügen, unter Rühren einmal aufkochen und dann bei niedriger Temperatur etwa 30 Minuten quellen lassen – dabei gelegentlich umrühren. Unterdessen kann der Fisch in die Pfanne: Die frischen Seezungen abspülen, abtupfen, von beiden Seiten mit Salz würzen, in Mehl wenden und in einer Mischung aus Öl und Margarine braten. Den Milchreis auf dem Teller mit Zucker und Zimt »würzen« oder mit Apfelmus genießen – und dann die Seezungen dazu.

Tipp

… von Gerold Conradi, den auch viele andere Fischer beherzigen: »Das Öl lässt mich erkennen, wann es richtig heiß ist und die richtige Temperatur zum Braten hat. Die Margarine ist dann schon längst weg!«

den konnte. Die GRETJE wurde später gehoben und fährt heute als HINDENBURG mit Heimathafen Friedrichskoog.

Gerold Conradi und Ubbo Looden fahren sonntagabends raus und sind freitagsmorgens wieder im Hafen; je nach Tide landen sie mal in Greetsiel an, mal in Norddeich. Schon Ubbos Vater Ubbo war bei Gerold Conradi beschäftigt, und sein Großvater Ubbo fischte auch – die Hingabe zur Fischerei liegt also ebenso in der Familie Looden wie das Traditionsbewusstsein, wenn es um die Vergabe der Vornamen geht. »Ubbos Vater hätte am liebsten alle seine drei Kinder Ubbo genannt«, erzählt Gerold Conradi und freut sich, dass sein junger Begleiter an Bord ein ebensolches Faible für die Fischerei hat wie er. »Ich kann mir nichts anderes vorstellen«, betont der 21-Jährige – und meint, dass Gefahren nicht nur auf dem Meer lauern.

Die See gibt, die See nimmt. Das ist für Gerold Conradi keine Floskel. Das Leben ist ein Kommen und ein Gehen, wie Ebbe und Flut, Geburt und Tod. »So wie man ja auch von der ›christlichen Seefahrt‹ spricht«, sagt er und erzählt, dass er seinen Glauben immer schon vertreten hat. Mit 18 Jahren war er im Rat der reformierten Kirchengemeinde, 20 Jahre hat er Gott zum Lob im Posaunenchor geblasen. »Dann war damit Schluss, ich konnte das zeitlich leider nicht mehr mit meinem Beruf vereinbaren.« Die Zuversicht ist geblieben, versichert Conradi glaubhaft – wie sein Anspruch, dass an Bord nicht geflucht werden darf. Und dann ist da noch jener hölzerne Sinnspruch am Ruderhaus der GRE 24. Seit dem ersten Tag, als Gerold Conradi neuer Eigner des zuvor in Accumersiel beheimateten Schiffes wurde, hängt er dort. »Gott mit uns«, verheißt er. »Außer mir gibt es nur noch einen Kapitän in Ostfriesland, der so einen Spruch am Kutter hat«, weiß der 51-Jährige. Und fügt schmunzelnd hinzu, dass er mal gefragt worden ist, ob er denn tatsächlich glaube, dass »*der*« ihm helfe, wenn er in Not sei. »Weiß ich nicht«, hat er da mit dem Brustton der Überzeugung geantwortet. »Aber sein Gegenspieler erst recht nicht!«

Wolfgang Christoffers

Andrea – NOR204

Wolfgang Christoffers lächelt, aber seine Stirn wirft dennoch Falten – so wie die Flut immerzu Rippeln am Meeressaum hinterlässt. »Tja, seit 50 Jahren mach' ich das nun«, resümiert der 65-Jährige. Fünf Jahrzehnte, in denen er Wind und Wetter ausgesetzt war, und das hinterlässt Spuren. »Gleich nach der Schule bin ich auf den Kutter, wo ich vorher ja auch schon jede freie Minute verbracht habe.« Er ging bei seinem Vater Gerhard in die Lehre, der wiederum bei dessen Vater Gerhard das Fischen gelernt hatte.

Gerhard Christoffers hatte sich 1928 eine Schaluppe gekauft, sie Susanna genannt und mit der Muschelfischerei angefangen. »Damals wurden die Muschelbänke bei Niedrigwasser mit Forken abgeerntet«, weiß Wolfgang Christoffers. Anschließend kamen die Muscheln bei Hochwasser in sogenannte »Entsandungsbecken«, in denen sie sich – wieder in Freiheit wähnend – tummeln konnten und nebenbei den Sand aus ihrem Innern »ausspuckten«. So gereinigt, wurden die begehrten Meeresfrüchte zu 50 Kilogramm in Jutesäcke gefüllt und per Pferd und Wagen zur Bahnstation von Norddeich kutschiert. Das Reiseziel der lebendigen Fracht: das Ruhrgebiet. Dort harrten die Feinschmecker von September bis April dem Geschmackserlebnis von der Küste – in den sogenannten Monaten mit »R«. »Das ist bis heute so. So wie sich die Muscheln bis heute am besten im Jutesack frisch halten, weil sich das Sackleinen bei Feuchtigkeit zusammenzieht«, erzählt Wolfgang Christoffers. Doch zurück zur Geschichte: Ende der 1930er-Jahre schaffte sich Großvater Gerhard einen 14 Meter langen Holzkutter an, taufte ihn nach seiner Frau Hinrika und fischte mit seinem Sohn fortan auch im Sommer – vor allem Krabben. In den Herbst- und Wintermonaten fuhren sie die Muschelbänke an. »Dann kam bald die Ära, in der Opa und Vater eine Dredge eingesetzt haben«, erzählt der erfahrene Fischer. »Mit diesem Schleppnetz konnten sie auch bei Hochwasser fischen.« Das war jene Zeit, in der Wolfgang Christoffers oft an Bord war, bis er schließlich 1963 ganz in die Zunft von Großvater und Vater eintauchte.

Weil die Geschäfte gut gingen, ließ sich Gerhard jun. 1965 einen 16 Meter langen Stahlkutter bauen – ab April fischte er mit Sohn

Wolfgang Scholle und Seezunge, in besagten »R«-Monaten Miesmuscheln. »1975 habe ich den Betrieb von meinem Vater übernommen, 1977 habe ich mir die ANDREA bauen lassen – sie trägt den Namen meiner Tochter. Die Kennung ›204‹ haben wir seit Großvaters Schaluppe SUSANNA beibehalten.« Damals, so Christoffers, fing es langsam an mit den Lizenzen. Heute gibt es an der niedersächsischen Küste vier lizenzierte Miesmuschelfischereibetriebe mit insgesamt fünf Schiffen – sie praktizieren Tag für Tag eine Kombination aus Wildmuschelfischerei und Kulturarbeit. »Wir haben jede Muschel mindestens drei Mal im Laderaum, bevor wir eine verkaufen können«, fasst Wolfgang Christoffers jene aufwendige Prozedur zusammen, die ihm und seiner Familie den Lebensunterhalt sichert. Für ihn und alle anderen Muschelfischer, die Wert auf die Nachhaltigkeit ihres Handwerks legen müssen, heißt das vor allem: Ihre Arbeit ist längst eine Wissenschaft für sich und unterliegt strengsten Kontrollen. Die genannten Miesmuschelfischereibetriebe bewirtschaften zusammen rund 1.300 Hektar Kulturflächen, die sich überwiegend in der Ems- und Jademündung befinden. Zunächst werden von sogenannten Wildbänken, auf denen sich Jungmuscheln nach einem natürlichen »Brutfall«

»Miesmuscheln rheinische Art« (für 2 Personen)

Zutaten:

2 kg Miesmuscheln
1 Paket frisches Suppengemüse: Karotten, Porree, Knollensellerie
2–3 größere Zwiebeln
1 Glas Weißwein
Gewürze: Salz und Pfeffer

Zubereitung:

Die Muscheln unter fließend kaltem Wasser abspülen. Achtung: Bereits geöffnete Muscheln sind nicht zum Verzehr geeignet. Das Gemüse in wenig Wasser garen, mit Salz und Pfeffer abschmecken. Dann den Weißwein und die Muscheln hinzufügen und diese unter gelegentlichem Aufschütteln im Sud aufkochen lassen, bis sich die Muschelschalen geöffnet haben (das dauert nur wenige Minuten). Achtung: Muscheln, die sich beim Aufkochen nicht öffnen, müssen aussortiert werden. Die Muscheln sogleich anrichten und servieren. Im Rheinland isst man dazu traditionell Schwarzbrot mit Butter und trinkt dazu Weißwein. Das gebutterte Schwarzbrot »dazu« schmeckt auch dem Ostfriesen Wolfgang Christoffers. Am liebsten mag er »seine« Muscheln allerdings ohne alles – und nur in Salzwasser gegart.

angesiedelt haben, Besatzmuscheln »abgebürstet«. Diese »Muschelsaat« wird per Kutter zu Kulturflächen transportiert, die sich ständig unter Wasser befinden und somit günstigere Wuchsbedingungen bieten. »Wir sind die Bauern des Wattenmeeres, die säen müssen, um ernten zu können«, schmunzelt der 65-Jährige, der seit einiger Zeit seinen Enkel Björn mit an Bord hat. Und betont sogleich: »Aber die Muscheln sind und bleiben dabei ein Naturprodukt!«

Dürfen die »gesäten« Muscheln nicht größer als vier Zentimeter sein, so müssen sie auf fünf bis sieben Zentimeter gewachsen sein, bis sie Konsumgröße erreicht haben und geerntet werden können. Das dauert etwa zwei bis drei Jahre. »Der Fleischanteil der Muschel ist das A und O!« Manchmal verläuft das Wachstum auch schneller, beispielsweise dann, wenn das Wasser reich an Nährstoffen ist. Doch das ist so unwägbar wie jene Tatsache, dass sich mit Vorliebe Seesterne über die jungen Schalentiere hermachen oder Stürme und Eisgang zur Zerstörung der Muschelbänke führen können. »Das sind die Gegebenheiten der Natur. Und das macht unser Geschäft reich an Risiko. Wir müssen immer wieder neu auf unsere langjährige Erfahrung bauen«, schildert Wolfgang Christoffers. Seine Kulturflächen haben eine Gesamtgröße von etwa 430 Hektar und befinden sich bei Juist, »unter« Langeoog und Spiekeroog und in zwei »Zwischenlagern« in der Innen-Jade. Von Montag bis Donnerstag fährt Christoffers täglich mit der ANDREA zu seinen Beständen raus, um die Kulturflächen mit Jungmuscheln zu besetzen. Sonntags wird andernorts geerntet, denn montags kommt der Lastwagen in den Norddeicher Hafen, um die lebende Ladung aufzunehmen und nach Yserke in der niederländischen Provinz Zeeland zu transportieren. Dort werden die Miesmuscheln tonnenweise von Großhändlern per Auktion vor allem in die Benelux-Länder und nach Frankreich veräußert – und später als »Moules-frites« mit Pommes frites serviert.

Doch bis es so weit ist, die Miesmuscheln beim Endverbraucher angekommen sind, unterliegen sie strengster veterinärmedizinischer Überwachung – was ihnen nach Ansicht von Experten das Prädikat verschafft, zu den bestüberwachten Nahrungsmitteln überhaupt zu gehören. »Man kann sagen, bevor wir eine Muschel verkaufen, wird sie drei Mal untersucht. Unter anderem gibt es regelmäßige Begutachtungen der Bänke auf See, und zuletzt kommt noch immer die stichprobenartige Untersuchung unserer Fänge – zwei bis drei Kilo werden jedes Mal im Labor in Cuxhaven unter die Lupe genommen. Ist alles in Ordnung, heißt es ›A‹ – grünes Licht für die Auktion!«

Indessen ist die Familie Christoffers in vierter Generation in Sachen Muschelfischerei tätig – in Norddeich, dem ältesten Anladungshafen für Miesmuscheln. Somit pflegen die Christoffers im wahrsten Sinne des Wortes eine lebendige Tradition, die längst auch Björn, dem Enkel von Wolfgang Christoffers, gefällt. Schon als kleiner Junge war er mit seinem Vater Jörg auf dessen Stahlkutter ANNA und natürlich mit seinem Großvater auf der bewährten ANDREA unterwegs. Seit 2008 ist er hauptberuflich Fischer. »Mir macht diese Arbeit Spaß. Ich kann mir einfach nichts anderes vorstellen«, sagt der 21-Jährige.

»Butt mit Püree und Bohnensalat« (für 2–3 Personen)

Zutaten:

1 kg Butt
1 kg mehlig kochende Kartoffeln
100 ml Milch
1 großes Glas Wachsbrechbohnen
2 Zwiebeln
Essig
Öl, zum Beispiel Distel- oder Rapsöl
Margarine
2–3 Kandis
Gewürze: Salz, Pfeffer, Muskat, frische Petersilie (oder TK)

Zubereitung:

Die Zwiebeln klein hacken und mit je einer Tasse Öl und Essig erhitzen, den Kandis hinzufügen und im Sud auflösen lassen. Einige Esslöffel vom Bohnensaft und die gehackte Petersilie unterrühren. Zuletzt die Bohnen hinzugeben und umrühren – es empfiehlt sich, den Bohnensalat eine Weile vor der Mahlzeit zuzubereiten, damit er ziehen kann. Die Kartoffeln schälen, in Salzwasser gar kochen, abgießen und mit Milch zu einem Püree stampfen – zum Schluss mit Muskat abschmecken. Den Butt von beiden Seiten mit Pfeffer und Salz würzen und in einer Mischung aus Öl und Margarine braten.

»Saure Muscheln« (für 2 Personen)

Zutaten:

2 kg Miesmuscheln
100 ml Essig
300 ml Wasser
2–3 Lorbeerblätter
1 Zwiebel
2–3 Kandis

Zubereitung:

Die Muscheln unter fließend kaltem Wasser abspülen. Achtung: Bereits geöffnete Muscheln sind nicht zum Verzehr geeignet. Die Muscheln in wenig Wasser aufkochen, abkühlen lassen und danach das gegarte Fleisch aus den Schalen trennen. Achtung: Jene Muscheln, die sich beim Aufkochen nicht öffnen, müssen aussortiert werden. Essig und Wasser in einem Topf erhitzen, die Lorbeerblätter und die in grobe Scheiben geschnittene Zwiebel hinzugeben; ebenso den Kandis, damit dieser sich darin auflöst. Einmachgläser (z.B. heiß gespülte Marmeladengläser) zu zwei Dritteln mit dem Muschelfleisch füllen und den Sud samt Zwiebeln darübergießen. Das Glas fest verschließen, auf den Kopf stellen und auskühlen lassen. Die »Sauren Muscheln« zwei bis drei Tage ziehen lassen und zum Beispiel mit Bratkartoffeln servieren. Die »Sauren Muscheln« eignen sich gut dafür, etwaige Muschel-Reste von mittags zu verwerten.

»Muschelragout« (für 2 Personen)

Zutaten:
2 kg Miesmuscheln
1 kg festkochende Kartoffeln
2 mittelgroße Zwiebeln
150 ml Sahne
Margarine
Gewürze: Salz, Pfeffer, Currypulver

Zubereitung:
Die Muscheln unter fließend kaltem Wasser abspülen. Achtung: Bereits geöffnete Muscheln sind nicht zum Verzehr geeignet. Die Muscheln in wenig Wasser aufkochen, abkühlen lassen und danach das gegarte Fleisch aus den Schalen trennen. Achtung: Jene Muscheln, die sich beim Aufkochen nicht öffnen, müssen aussortiert werden. Die Zwiebeln klein schneiden und in Margarine andünsten, die Sahne hinzufügen und mit Salz, Pfeffer und Curry abschmecken. Zum Schluss das Muschelfleisch hinzufügen und umrühren – nur kurz erhitzen, weil die Muscheln sonst rasch bitter werden. Dazu passen Salzkartoffeln!

Georg Peters

Medusa – NEU231

»Alt ist meine Fischerfamilie«, erzählt Georg Peters. »Nein, uralt«, korrigiert er sich sogleich mit einem Schmunzeln. Schon sein Urgroßvater nannte ein Frachtschiff sein Eigen. Und schon sein Großvater hatte einen Kutter, der indessen ein Schmuckstück mit musealem Gepräge ist: die Gebrüder, ein Holzkutter, der 1929 in der Schlömer-Werft in Oldersum vom Stapel lief. Seit einigen Jahren liegt das maritime Kleinod im Museumshafen von Carolinensiel und wird hin und wieder vom Sielhafenmuseum zu kleinen Ausflugsfahrten ins ostfriesische Wattenmeer genutzt.

»Mein Vater und mein Onkel fuhren damals als Brüder auf der Gebrüder«, erinnert sich Georg Peters. Dass er als Junge bei mancher sich bietenden Gelegenheit mit raus auf See gefahren ist, hat seine berufliche Ausrichtung – neben einer gewissen ererbten Veranlagung – auf Kurs gebracht. Zunächst machte der junge Georg Peters eine Ausbildung zum Fischwirt, dann sein Patent als Kapitän auf großer Fahrt und füllte diesen Titel ein gutes Jahrzehnt mit Leben. »Ich habe unzählige Tonnen Kaffeebohnen aus Costa Rica geholt und nach Hamburg, Bremen oder Amsterdam transportiert«, erzählt der 57-Jährige. Die Häfen von Ceylon, Indonesien, Indien, Korea oder Japan kennt er von seinen »Ostasienfahrten«. In den letzten anderthalb Jahren seiner »großen Fahrten« war er entlang der US-Golfstaaten unterwegs und brachte seine Frachten im vierwöchigen Fahrplan von Deutschland über England in die Vereinigten Staaten – und retour. Es folgte ein Jahr auf dem Forschungsschiff Senckenberg, und dann, als sein Vater mit der Fischerei aufhörte, ging Georg Peters an Land. »Das hatte auch damit zu tun, dass ich nur unter deutscher Flagge fahren wollte, und das war irgendwann nicht mehr möglich, weil keine Leute mehr gesucht wurden.« Also übernahm er mit seinem Bruder Theo die Gebrüder. Dass er in den heimischen Gewässern bleiben würde, hätte Georg Peters seinerzeit nicht vermutet. »Doch so geschah es«, resümiert der Kapitän lakonisch – und lächelt im Nachhinein über die Koordinaten seiner Seefahrer-Laufbahn. So kam es, dass er sich einen eigenen Kutter bauen ließ und 1988 erstmals mit seiner nagelneuen Medusa – NEU231 in Neuharlingersiel ablegte. Das ist nun 25 Jahre

»Pellkartoffeln mit Brathering und Duxelsoße«

(für 2 Personen)

Zutaten:

4 Bratheringe
500 g Kartoffeln,
    klein und festkochend
2 mittelgroße Zwiebeln
125 g Speckwürfel,
    durchwachsen und luftgetrocknet
1 Brühwürfel
½ l Milch
Mehl
Margarine
Gewürze: Salz, Pfeffer

Zubereitung:

Die gewaschenen Kartoffeln mit der Schale gar kochen. Indessen die Speckwürfel anbraten, etwa einen Esslöffel Margarine hinzugeben und die Zwiebeln mit dem Speck dünsten. Dann zwei Esslöffel Mehl hinzugeben und verrühren, damit das Fett gebunden wird. Das Ganze mit Milch aufgießen, bevor die Mehlschwitze zu braun wird. Die Soße unter Rühren aufkochen lassen, dann einen Brühwürfel (oder gekörnte Brühe) hinzugeben, ein wenig köcheln lassen und mit Pfeffer abschmecken. Wenn die Soße zu »dick« wird, kann man sie mit Milch verlängern. Georg Peters: »Wer keinen Brühwürfel verwenden mag, kann auch nur die typisch ›ostfriesischen‹ Gewürze Salz und Pfeffer nehmen.« Die gekochten und gepellten Kartoffeln mit dem Brathering anrichten und mit der »Duxelsoße« (Bezeichnung nach der Großmutter von Georg Peters) servieren. Dazu schmecken saure Beilagen wie Gewürzgurken oder Schlesische Gurkenhappen, dazu passt aber auch »Granat in Sauer«.

her. Der zweifache Familienvater konnte seiner Arbeit in den zurückliegenden Jahren zwar viel abgewinnen, aber als »Fischer durch und durch« sieht er sich nicht. »Ich fische, um Geld damit zu verdienen. Nicht mehr und nicht weniger.«

Bis vor zehn Jahren fuhr Georg Peters täglich zum Krabbenfang raus, in der Zeit von April bis Oktober hoffte er auf volle Netze mit Seezungen und Steinbutt. Heute legt er mit Decksmann Carsten Finke fünf Mal die Woche gegen Abend im Hafen von Neuharlingersiel ab, steuert Richtung Wattenmeer und ist nach etwa 15 Stunden wieder zurück am Anleger. »Wir fischen rund um Spiekeroog und Langeoog und machen etwa sechs bis acht ›Hols‹ die Nacht.« Wenn sie zurück sind, haben Peters und Finke zwischen 300 und 400 Kilogramm Garnelen an Bord, die sie unterwegs gleich nach dem jeweiligen »Hol« gesiebt und gekocht und bis zur Anladung in die Kühlung verfrachtet haben.

Da die Törns die Nacht durchgehen, spielt die Verpflegung an Bord der MEDUSA kaum eine Rolle. Aber der Tee muss fertig sein, wenn die beiden Fischer zwischen den Fangintervallen pausieren und sich aufwärmen. »Dafür sorgt meine Teemaschine«, lacht der Ostfriese. »Damit ist der Tee garantiert fertig, wenn wir von Deck kommen!« Seine Kenntnisse im Umgang mit Speisen hat sich der 57-Jährige über die Jahre an Land erworben und nennt Kochen durchaus sein Hobby. So wie er sich in fangfreien Zeiten das Zuschneiden und Nähen von Netztüchern angeeignet hat – per Hand, versteht sich.

Den angelandeten Granat veräußert Georg Peters an die Fischerei-Genossenschaft Neuharlingersiel eG. Jene Krabben, die von ihrer Größenordnung her das Prädikat »A+« verdienen, vermarktet die Genossenschaft vor Ort, die übrigen werden an den niederländischen Großhändler Heiploeg verkauft. So geht das von etwa Mitte März bis Ende November. »Bei Schlechtwetter wird der Fang natürlich weniger, und wenn sich das dann nicht mehr lohnt, bleibe ich im Hafen.« Für Georg Peters hat das nichts mit gelebter Tradition zu tun, dass er sich – wie die Kollegen aus Neuharlingersiel – bis heute der Tagesfischerei verschrieben hat. »Als die Kutter größer wurden, erweiterten sich auch die Fanggebiete, und man fing an, wochenweise hinauszufahren. Aber für mich ist das nichts. Ich habe noch ein Leben an Land.« Und dann fügt er augenzwinkernd hinzu: »So machen das mein Bruder Theo mit der JAN VAN GENT und die anderen Kutterfischer von Neuharlingersiel auch. Wenn man so will, sind wir wohl der faulste Hafen von ganz Ostfriesland!«

»Granat in Sauer«

Zutaten für 1 Liter:
Krabben
1 Zwiebel
Essig
Wasser
Zucker
Gewürze: Pfeffer, Pfefferkörner, Salz

Zubereitung:
»Krabben in Sauer« sind eine wohlschmeckende Beilage zu Bratkartoffeln und eignen sich bestens dafür, wenn man Krabben übrig hat – was bei den Fischern nicht selten vorkommt. Die gepulten Krabben in eine Schüssel geben und diese mit drei Viertel Essig und einem Viertel Wasser füllen. Die klein geschnittene Zwiebel, eine Prise Salz, gemahlenen Pfeffer und einige Pfefferkörner hinzugeben und verrühren. Dann den Zucker hinzufügen und abschmecken; Menge: zirka einen gehäuften Teelöffel Zucker, hängt vom Säuregehalt des Essigs ab. Im Kühlschrank sollten die Krabben so ein paar Tage ziehen. »Die Lake wird mit der Zeit ein wenig ›löhmerich‹ (familienumgangssprachlich für milchig), aber die Krabben halten sich so mindestens vier Wochen«, so Georg Peters.

»Kassler mit Ananas«
(für 4 Personen)

Zutaten:

1 kg Kasslernacken im Stück
1 kg Kartoffeln, festkochend
1 Dose Sauerkraut, 580ml
1 große Dose Ananas, in Ringen
2 kleine Gläser Mango-Chutney, scharf
1 Zwiebel
1 Brühwürfel
Kokosfett
Gewürze: Salz

Zubereitung:

Den Backofen bei 90° vorheizen. Den Kasslernacken von oben senkrecht in portionsgerechte Scheiben schneiden – aber nur bis zur Hälfte! Danach je einen halben Ananasring in die Fleischzwischenräume stecken, andrücken und den Braten zum Schluss mit reichlich Mango-Chutney bestreichen. Das so präparierte Fleisch in einen Bräter mit etwas Wasser geben und auf dem Herd erhitzen. Die übrigen Ananasstückchen und einen Schuss Dosensaft, das restliche Mango-Chutney in den Sud geben, einen Brühwürfel (oder gekörnte Brühe) unterrühren und den Bräter danach in den Backofen stellen. Bei 200° Grad (Umluft) benötigt der Braten etwa eine Stunde; gegebenenfalls die Temperatur drosseln, wenn das Fleisch bereits gut gebräunt ist. In der Zwischenzeit die Kartoffeln schälen und in kochendem Salzwasser garen. In einen Topf etwas Kokosfett geben, darin die klein geschnittene Zwiebel andünsten, das Sauerkraut hinzufügen und das Kraut über einige Minuten heiß werden lassen – dabei ab und zu umrühren.

Hans und Nils Schröder

Hein Godenwind – VAR6

Im Garten steht ein Apfelbaum, an seinem Ast hängt ein langes Fischernetz, auf dem Rasen liegt das Fanggeschirr, und davor paradiert die Hein Godenwind. Die Adresse der Fischerfamilie Schröder aus Varel ist wörtlich zu nehmen: Am Hafen 58. Der Kutter liegt am Haus. Wenn die Familie im Winter am Esstisch sitzt, muss keiner aus der Runde den Hals recken, um einen Blick auf das hölzerne Kleinod im Garten werfen zu können. »Das heißt aber noch lange nicht, dass wir in diesen Wochen nur den Ausblick genießen. Es gibt immer was zu tun. Hein Godenwind kommt in die Jahre – da wird es zunehmend aufwendiger, das Schiff in Schuss zu halten«, erzählt Hans Schröder. Er und sein Sohn Nils sind die letzten gewerblichen Fischer an der inneren Jade – inzwischen lebt die Familie diese Zunft in der vierten Generation. » Mein Großvater betrieb noch die Korbfischerei mit Ruderboot. Als ich 1973 zu meinem Vater an Bord ging, gab es noch elf Kutterbetriebe in Varel-Dangast«, erzählt Hans Schröder. Sein Vater Arnold war nach dem Zweiten Weltkrieg Eigner des Kutters Trotz, dann einige Jahre Setzkapitän, bis er sich 1957 den zwölf Meter langen Spiegelheckkutter Johanna Albrecht aus Carolinensiel kaufte und ihn in Hein Godenwind umtaufte. Auf diesem Kutter begann Sohn Hans vor genau vier Jahrzehnten seine Ausbildung, auch sein Bruder erlernte das Fischerhandwerk. 1974 ließ sich Vater Arnold eine neue Hein Godenwind auf der Werft Bültjer in Ditzum bauen – mit diesem Schiff sind Hans Schröder und sein Sohn Nils bis heute auf der Jade unterwegs.

»Für mich hat sich die Frage, was ich werden wollte, nicht gestellt. Ich habe mit meinen beiden Brüdern von Kindesbeinen an jeden freien Tag bei meinem Vater an Bord verbracht.« Der 25-Jährige hat die Ausbildung zum Fischwirt bei seinem Vater auf der Hein Godenwind absolviert, dann sein »BKü«-Patent erworben und ist seit zwei Jahren Fischwirtschaftsmeister. »Fischer zu sein, ist kein Beruf, sondern eine Berufung. Man muss den Sonnenaufgang auf See lieben und schon ein bisschen verrückt sein,

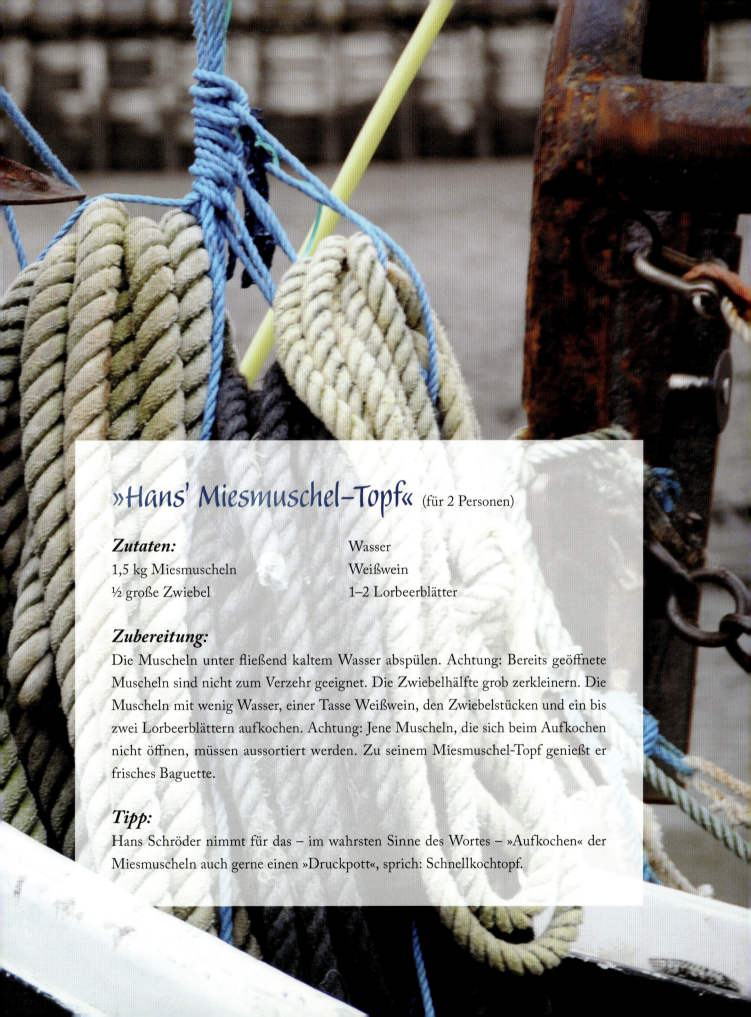

»Hans' Miesmuschel-Topf« (für 2 Personen)

Zutaten:

1,5 kg Miesmuscheln
½ große Zwiebel
Wasser
Weißwein
1–2 Lorbeerblätter

Zubereitung:

Die Muscheln unter fließend kaltem Wasser abspülen. Achtung: Bereits geöffnete Muscheln sind nicht zum Verzehr geeignet. Die Zwiebelhälfte grob zerkleinern. Die Muscheln mit wenig Wasser, einer Tasse Weißwein, den Zwiebelstücken und ein bis zwei Lorbeerblättern aufkochen. Achtung: Jene Muscheln, die sich beim Aufkochen nicht öffnen, müssen aussortiert werden. Zu seinem Miesmuschel-Topf genießt er frisches Baguette.

Tipp:

Hans Schröder nimmt für das – im wahrsten Sinne des Wortes – »Aufkochen« der Miesmuscheln auch gerne einen »Druckpott«, sprich: Schnellkochtopf.

wenn man damit sein Geld verdienen will«, meint Nils Schröder augenzwinkernd.

Ihr Geld verdienen sich Vater und Sohn mit Tagesfischerei – das heißt: Sie fahren fünf Mal in der Woche für zwölf Stunden raus. Während der Fangsaison liegt die HEIN GODENWIND am südwestlichen Jadebusen im tideabhängigen Hafen von Dangast – bekannt als das südlichste Nordseebad. Von Dangast aus steuern die Schröders die Minsener Oog und die Insel Mellum an und von dort die Jade inklusive des Jadebusens. »Im Sommer fischen wir bevorzugt nachts, weil das Wasser dann klarer ist. Außerdem ›flüchten‹ die Krabben bei Tag vor den Netzen«, weiß Hans Schröder. Im Winter lassen die beiden Fischer das Fanggeschirr hauptsächlich tagsüber ins Wasser, weil dieses dann mehr Sedimente enthält und die Netze wiederum nicht von den Krabben zu sehen sind. Die tägliche Ladung der HEIN GODENWIND wird in Dangast gelöscht. Von dort werden die an Bord gekochten und gekühlten Krabben von der in Fedderwardersiel beheimateten »Butjadinger Fischereigenossenschaft« per Lastwagen ins eigene »Schälzentrum Nordwest« in Cuxhaven verbracht. »So verfahren die anderen Fischer aus Butjadingen auch. Im Schälzentrum werden die Krabben gesiebt und sortiert. Davon werden etwa zwei Tonnen Krabben pro Woche mithilfe von Pulmaschinen entschält – das ergibt 600 bis 700 Kilogramm Krabbenfleisch.«

In den ersten fünf Jahren seiner Fischerzeit, so erinnert sich Hans Schröder, hat die HEIN GODENWIND auch Seezungen in den Netzen gehabt. Seinerzeit wurden die Krabbenfänge vornehmlich an Land auf sogenannten Darren getrocknet und als Hühnerfutter verwertet – von der Delikatesse »Granat« sprach damals noch keiner. »Da hing über dem Hafen immer ein ganz besonderer Duft!« Mit seemännischer Gelassenheit erzählt der 55-Jährige im nächsten Moment von der 1.500 Kilogramm schweren Luftmine, die er Ende der 1980er-Jahre mal als »besonders dicken Fang« aus dem Wasser hievte. »Der Sprengmeister kam sofort mit der Wasserschutzpolizei. Die Mine wurde in der Nähe des Arngaster Leuchtturms gesprengt. Das war eine Aufregung. Durch die Nähe zum Kriegshafen Wilhelmshaven war es keine Seltenheit, dass wir Munition in den Netzen hatten. Das ist mit den Jahren weniger geworden.«

Von Anfang Dezember bis Anfang März macht die HEIN GODENWIND im Vareler Hafen fest. »Dann gehen die Krabben ins tiefere Wasser, und das ist für uns unrentabel«, begründet Hans Schröder die mehrwöchige Fangpause, die aber keine Zeit bietet, um dem Müßiggang zu frönen. Die Pflege des – im wahrsten Sinne des Wortes – hauseigenen Schiffes ist unabdingbar. »Wir sind nicht nur Fischer, sondern Netzflicker, Schlosser, Tischler und Elektriker. Und natürlich Anstreicher!«, grinst Nils Schröder. Der Stapellauf des Kutter-Klassikers ist nun beinahe 40 Jahre her, und das verleiht diesem jene Spuren von gelebter Vergangenheit, die ihn zum beliebten Fotomotiv machen. Deshalb kommt es nicht von ungefähr, dass die HEIN GODENWIND nach Pfingsten beim traditionellen Hafenfest in Rüstersiel willkommen ist und im Sommer bei den »Krabben- und Heringstagen« am Alten Hafen von Hooksiel festmacht. An Bord gibt es dann Kutter-Nostalgie und reichlich frische Krabben!

»Hallig-Soße«
(für 4 Portionen)

Zutaten:
1 kleines Glas Mayonnaise
Sahnejoghurt
½ Zwiebel
Kräuter
Worcestersauce
Gewürze: Salz, Curry

Zubereitung:
Die Mayonnaise mit drei Esslöffeln Sahnejoghurt, der klein gehackten Zwiebel und etwa zwei Teelöffeln Kräutermischung (z. B. TK-Ware) verrühren. Mit Salz, Curry und Worcestersauce abschmecken. Die Sauce passt hervorragend zu Krabben und einem gebutterten Schwarzbrot. Auch Kartoffeln eignen sich als Beilage.

»Überbackene Muscheln«

Zutaten:
Gegartes Miesmuschelfleisch
Kräuterbutter

Zubereitung:
Diese Vorspeise oder Snack-Variante eignet sich gut zur Resteverwertung – beispielsweise dann, wenn vom Muscheltopf etwas übrig ist. Das gegarte Muschelfleisch aus den Schalen entfernen und in Auflauftöpfchen füllen. Jede Form mit einem Klecks Kräuterbutter »toppen« und anschließend im Ofen etwa zehn Minuten überbacken. Das Muschelfleisch bekommt so eine feine Knoblauchnote und wird schön zart.

Übrigens:
Die Name »Miesmuschel« geht auf die mittelhochdeutsche Bezeichnung »Mies« für Moos zurück. Miesmuscheln spinnen braune Byssusfäden (»Bart« genannt), mit denen sie sich am Meeresgrund, an Holzpfählen, Steinen oder Felsen verankern und die sie außerdem zur Fortbewegung einsetzen.

Manfred Wefer

Rubin – FED12

Fedderwardersiel klingt ziemlich maritim. Und das ist es auch. Hier in der kleinen Ortschaft an der Außenweser sind traditionsreiche Fischerfamilien zu Hause, verdienen viele Menschen seit Generationen ihren Lebensunterhalt mit dem, was das Meer hergibt. Manfred Wefers Großvater Friedrich August war einer derjenigen, der die Fischerei in Fedderwardersiel überhaupt erst auf Kurs gebracht hat – bezeichnenderweise mit seinem Kutter Heimat. Gemeinsam mit seinen Brüdern Carl und Adolf, die beide ebenfalls einen Kutter ihr Eigen nannten, brachte er gewerbliches Leben in den Hafen.

Die Erträge waren oftmals bescheiden, die Arbeit ein Knochenjob. Man kam so gerade über den Winter, in denen früher Stint oder Kabeljau gefischt wurde. Dabei zogen zwei Schiffe ein Netz – »Bombern« hieß das. Dass es damals zeitweise auch üblich war, mit Munitionsfischerei ein Zubrot zu verdienen, erscheint heute unvorstellbar. Auch die Tatsache, dass die Fischerleute mit Schwarzpulver ihre Krabbentöpfe erhitzten. Dennoch verstand es sich von selbst, dass Friedrich Augusts Sohn August eines Tages das Handwerk seines Vaters übernehmen würde.

In den vielen Jahren seiner aktiven Zeit als Kutterkapitän war August Wefer unter anderem mit der Seerose auf Fangfahrt.

»Und so war es auch für mich selbstverständlich, Fischer zu werden und in die Fußstapfen meines Großvaters und Vaters zu treten«, resümiert Manfred Wefer und blickt über den kleinen Hafen von Fedderwardersiel. Damals war er 16 Jahre alt. Von der Schulbank auf den Kutter. In den alten Fischerfamilien ist das gang und gäbe. Er machte seine Ausbildung zum Fischwirt beim Vater, bestand die für die Küstenfischerei notwendigen Patente und blieb an Bord. Schließlich wurden daraus 15 gemeinsame Jahre. »Das waren noch ganz andere, nämlich viel rauere Zeiten damals. Da haben wir nicht selten das Wasser mit der Schippe aus dem Ruderhaus geschippt«, erinnert sich Manfred Wefer, der in jenen Jahren häufiger mal mit Seekrankheit zu kämpfen hatte. 1991 machte sich Manfred Wefer selbstständig. 30 Jahre alt war er da und sein Schiff ein 16 Meter langer Neubau, den er in Ostfriesland bei Lübbe Voss in Auftrag gegeben hatte. Es sollte der letzte Neubau der renommierten Werft werden, denn

»Fisch-Gratin« (für 4 Personen)

Zutaten:

- 750 g Fischfilet
- 4 Zwiebeln
- 300 g Kräuterschmelzkäse
- 125 ml saure Sahne
- 50 g geriebener Käse
- 1 Ei
- Milch
- Zitronensaft
- Paniermehl
- Gewürze: Salz, Pfeffer, Paprika

Zubereitung:

Das küchenfertige Fischfilet von beiden Seiten salzen und mit Zitronensaft säuern. Das Ei verquirlen, den Fisch darin wenden und dann panieren. Die Zwiebeln schälen und in feine Ringe schneiden. Die Hälfte der Zwiebeln in eine Auflaufform geben, den Fisch fächerförmig darüber verteilen und mit den restlichen Zwiebeln belegen. Den Schmelzkäse mit drei Esslöffeln Milch und der sauren Sahne in einem Topf erhitzen und mit Salz, Pfeffer und Paprika würzig abschmecken. Die Käsesoße anschließend über dem Fisch verteilen und danach mit dem geriebenen Käse bestreuen. Den Auflauf bei 200 °C Umluft im Backofen zirka 30 Minuten garen lassen. Dazu passen Salzkartoffeln oder Reis.

»Stint süß-sauer« (für 8–10 Portionen)

Zutaten:

2,5 kg Stint
250 g Zucker
4 Zwiebeln
Mehl

Essigessenz
4 Lorbeerblätter
Butterfett
Gewürze: schwarze Pfefferkörner

Zubereitung:

Den Stint säubern, in leichtem Salzwasser waschen und anschließend trocken tupfen. Den Fisch in Mehl wälzen und in heißem Butterfett von beiden Seiten braun braten. Für die Marinade eineinhalb Liter Wasser zum Kochen bringen, vom Herd nehmen und die zerkleinerten Zwiebeln, die Lorbeerblätter, den Zucker sowie einen Esslöffel Pfefferkörner hinzufügen. Mit Essigessenz abschmecken.

Tipp

… von Manfred Wefers Mutter Hertha, die über eine 40-jährige Erfahrung als Fischerfrau verfügt: »Für den richtigen Geschmack ist es wichtig, die noch heißen Fische in die ebenfalls noch heiße Essigmarinade zu legen! Und dann einen Tag ziehen lassen.«

als der Stahlkutter für Fedderwardersiel vom Stapel lief, hatte das Traditionsunternehmen zwischenzeitlich Konkurs anmelden müssen. Manfred Wefer nannte seinen Kutter RUBIN. Ein Schiff, das auch nach mehr als 20 Jahren Fahrenszeit ein blitzsauberes Schmuckstück ist, denn der Eigner hat offenbar den Blick fürs gepflegte Detail. »Je nach Tide fahren wir sonntags raus, und bleiben zwei Nächte draußen«, erzählt Manfred Wefer. »Dann geht es mittwochs wieder raus und donnerstags, freitags kommen wir wieder rein.« Zwischendrin wird auf dem Wasser für ein paar Stunden geankert, damit »der Kapitän auch mal 'ne Mütze Schlaf bekommt«, schmunzelt der 52-Jährige. Und fügt hinzu: »In der Fischerei lernt man das Schnellerschlafen. Das beherrschen wir.«

»Wir«, das sind er und sein Sohn Lennart. Der junge Mann hat im vergangenen Jahr seine Lehrzeit beim Vater beendet – mit einem Stipendium für eine entsprechende Weiterbildung in der Tasche und mit der Gewissheit, offiziell Fischer in vierter Generation zu sein. »Er ist schon als Kind mitgefahren, wenn es denn irgendwie passte«, erzählt Manfred Wefer nicht ohne Stolz.

Gelöscht wird die Ladung der RUBIN im Hafen Fedderwardersiel, der über den sogenannten »Fedderwarder Priel« mit der Fahrrinne der Weser verbunden ist. Per Lastwagen werden die Krabben von hier aus ins Schälzentrum nach Cuxhaven transportiert. Das obligatorische Krabbenkochen an Bord, dann, wenn die frisch gefangenen Meeresbewohner nach dem jeweiligen »Hol« im Seewasser gesiedet werden, ist für Manfred Wefer auch nach all den Jahren ein kulinarisches Geschmackserlebnis. »So frisch aus dem Pott: Das ist für mich quasi die ›Qualitätskontrolle‹«, meint er augenzwinkernd. Dass er sich mit den kleinen Tieren auskennt, stellt er jedes Jahr bei der »Niedersächsischen Krabbenpul-Meisterschaft« in Fedderwardersiel unter Beweis – ein Programmpunkt der weithin bekannten dreitägigen »Kutterregatta«, die von der »Fischereigenossenschaft Butjadingen« ausgerichtet wird. Platz 11 mit 347 Gramm in der Schale belegte Manfred Wefer im Jahre 2011. Er ist auch derjenige, der an Bord der RUBIN für die Kombüse zuständig ist. Sein Sohn wäscht ab. »Das ist eben die Hierarchie an Bord«, lacht der Vater. So wird das wohl auch noch eine Weile bleiben. So wie Vater und Sohn das Gefühl nicht missen möchten, das ihnen mit dem Wind draußen um die Ohren pfeift: die Freiheit zu haben, das berufliche Leben wie auch das Ruder der RUBIN selbst in die Hand zu nehmen.

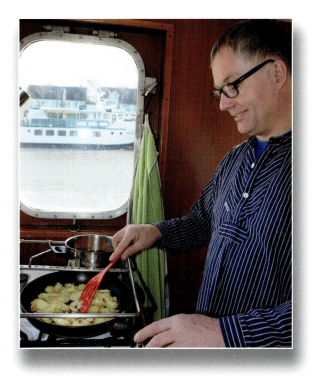

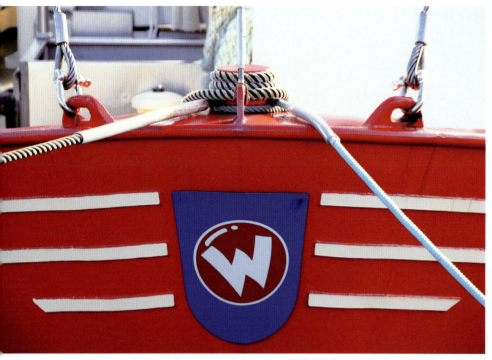

»Marthas Heringssalat« (für 8–10 Portionen)

Zutaten:

1 Glas Bismarck-Heringe
200 g Kochschinken
1 großes Glas Mayonnaise
1 mittelgroßes Glas Rote Bete
3 mittelgroße Zwiebeln
5 hart gekochte Eier

4 gekochte Kartoffeln
10 kleine eingelegte Gurken
2 große säuerliche Äpfel
Essigessenz
Flüssiger Zucker
Gewürze: Salz, Pfeffer

Zubereitung:

Die Zwiebeln schälen, fein würfeln und mit kochendem Wasser überbrühen. Essigessenz hinzufügen und mit Salz, Pfeffer und flüssigem Zucker abschmecken. Den Kochschinken, die Eier, Gurken, Äpfel, Rote Bete, die Kartoffeln und die Heringe klein schneiden und mit der Zwiebel-Soße vermengen. Nach Geschmack Rote-Bete-Saft und Gurkenwasser hinzufügen und zum Schluss die Mayonnaise unterrühren. Dieser Salat gehört bei der Familie Wefer zu Silvester wie die Möwe zum Meer. Am Silvesterabend gibt es dazu Bockwurst vom Fleischer im Dorf, am Neujahrstag wird dazu Spiegelei serviert.

Jens Tants

Saphir – CUX14

Jens Tants genießt seine Eigenständigkeit, so wie er stets das Ruder in der Hand behält, wenn er mit seinem Kutter Saphir draußen ist. Dass das so ist, hat mit seiner Vita zu tun. Nach der Schule ließ er sich zunächst zum Maurer ausbilden und arbeitete einige Jahre auf dem Bau, denn sein Vater, selbst langjähriger Küstenfischer, hatte seinem Sohn von der harten und zeitaufwendigen Arbeit auf See abgeraten. »Doch der Gedanke, Fischer zu werden, ließ mich einfach nicht los«, erzählt Jens Tants und denkt bis heute ohne Reue an den Tag zurück, an dem er den Entschluss fasste, sich zum Fischwirt umschulen zu lassen. Selbst dass seine Frau, die ihn in seinem Wunsch bestärkte, zu jener Zeit das erste Kind erwartete, hatte ihn nicht zögern lassen.

Im Jahr 2004 begann er die berufliche Neuorientierung, 24 Monate später konnte er seine Ausbildung zum Fischwirt erfolgreich abschließen. Wiederum ein Jahr später folgte das »BKü«-Patent und damit die Qualifizierung zum Fischwirtschaftsmeister der kleinen Küsten- und Hochseefischerei. Seine Umschulung hatte der Familienvater auf dem Stahlkutter »Saphir – CUX14« gemacht, nicht ahnend, dass er das Schiff in gar nicht allzu langer Zeit sein Eigen würde nennen können. Kaum hatte Jens Tants nämlich sein Patent in der Tasche, da musste sich sein Chef Eibe Cordts aus gesundheitlichen Gründen aus dem Geschäft zurückziehen. »Im April 2008 habe ich das Schiff von ihm gechartert, im Februar 2009 habe ich es schließlich ganz übernommen.« Jens Tants ist zufrieden mit seiner Entscheidung, von der ihn mancher versucht hatte, abzubringen. »Sicherlich ist die Küstenfischerei mit Blick auf die Zukunft ein schwieriges Feld, aber ich mag einfach die Freiheit auf See.«

Für ihn und seine beiden Mitstreiter an Bord heißt das: fünf bis sechs Tage fischen, ein, zwei Tage Ruhephase an Land und wieder raus. So geht das von Frühjahr bis Dezember – und darüber hinaus, wenn Wind und Wetter es zulassen. Gefischt wird zumeist in der Außenelbe oder in den sogenannten »Nordergründen«, ein Fanggebiet zwischen der alten Weser und der Elbe. »Eine Woche im Jahr, meistens im Juli, fangen wir Seezungen, damit wir die Quote für Plattfische behalten können.« Nach dem

»Fischauflauf SAPHIR«
(für 4 Personen)

Zutaten:
750 g Seelachsfilet
je 1 rote, gelbe und grüne Paprikaschote
3 Schalotten
50 g Butter
30 g Mehl

¼ l Gemüsebrühe
¼ l Milch
80 g geriebener Gouda
Gewürze:
Salz, Pfeffer weiß, Paprika edelsüß

Zubereitung:
Den Fisch mit Salz und Pfeffer würzen. Die Paprikaschoten in Streifen schneiden, die Schalotten in Ringe schneiden. Etwa die Hälfte der Butter erhitzen und darin den Paprika und die Schalotten glasig dünsten. Das Gemüse danach in eine Auflaufform geben und die Fischfilets obendrauflegen. Die restliche Butter schmelzen, darin das Mehl anschwitzen, die Gemüsebrühe und die Milch hinzufügen, aufkochen und einige Minuten köcheln lassen. Die Hälfte des geriebenen Käses unterrühren und mit Salz, Pfeffer und Paprika abschmecken. Die Soße über den Fisch und das Gemüse geben, dann den restlichen Käse darüberstreuen und den Auflauf im vorgeheizten Backofen bei 200°C (Ober- und Unterhitze) etwa 30 Minuten backen.

»Gestovte Krabben« (für 4 Personen)

Zutaten:

750 g Krabbenfleisch
1 l Milch
150 ml Sahne
Mehl
Butter
Gekörnte Brühe
Petersilie
Gewürz: Muskat

Zubereitung:

Die Milch und die Sahne mit einem Löffel gekörnter Brühe und einer Messerspitze Muskat in einen Topf geben und zum Kochen bringen; die Flüssigkeit danach mit vier Esslöffeln Mehl andicken und mit einem Teelöffel Butter verfeinern. Zum Schluss das Krabbenfleisch hinzufügen und umrühren. »Die Krabben dürfen nur kurz in der Soße erwärmt werden, ansonsten werden sie zäh«, so Jens Tants. Dazu passen Salzkartoffeln oder Reis. Das Gericht vor dem Servieren mit frischer Petersilie bestreuen!

Löschen der Krabben-Ladung im alten Fischereihafen von Cuxhaven wird der Kutter für die nächste Fangfahrt auf Vordermann gebracht. Dann brechen Jents Tants und sein Auszubildender Sven Teichert nach Nordholz-Spieka zu ihren Familien auf. Decksmann Olaf Straßheim lebt in Cuxhaven und machte seinen Fischwirt – wie sein junger Chef – auf der SAPHIR. Doch Jents Tants ist nicht nur Kutter-Kapitän, sondern auch Kommandant in der Kombüse. »Ich koche zu Hause gerne und an Bord sowieso«, grinst der 37-Jährige. Wenn die Fangabläufe es zulassen, kommt mittags eine warme Mahlzeit auf den schmalen Tisch in der kleinen Küche. »Das muss sein, kann aber auch schon mal 16 Uhr werden. So wie wir draußen nach spätestens 15 Stunden ankern. Ein bisschen Schlaf für uns drei muss sein, denn ich bleibe während der Fangzeit ständig im Ruderhaus.«

Das Repertoire an Speisen ist so vielfältig, wie deren Zubereitung unkompliziert und schmackhaft sein muss – schließlich stehen nur zwei Herdplatten zur Verfügung. Zu Hause kreiert der Vater von Nele und Leni auch schon mal ausgefallene Gerichte oder probiert Rezepte aus der internationalen Küche aus. Verschwiegen gibt sich der Fischer allerdings, wenn es um seine Krabbenfrikadellen geht.

»Die Rezeptur ist von meiner Oma, und die verrate ich nicht. Wer sie probieren möchte, kann ja unseren kleinen Fischimbiss in Nordholz besuchen!« In der Saison bietet Ulrike Tants in der »Krabbenkiste« vis-à-vis des »Aeronauticums« zum Beispiel das Seelachsbrötchen »Roter Baron« an. Neben anderen fangfrischen Köstlichkeiten, die ihr Mann mit der SAPHIR an Land gebracht hat, gibt es hier auch selbst geräucherten Fisch.

»Steckrübensuppe à la Jens«

(für 4 Personen)

Zutaten:

1 Steckrübe (ca. 1,5 kg)
6–8 Möhren
4 Schalotten
2 Knoblauchzehen
1 rote Chilischote
¼ l Weißwein
1 l Gemüsebrühe
50 g Butter
1 Becher Schmand
1 Becher Sahne
Gewürze:
Salz, weißer Pfeffer, Maggi

Zubereitung:

Die Steckrübe und die Möhren schälen und in grobe Würfel schneiden. Die Butter schmelzen und die Schalotten, die Knoblauchzehen und die Chilischote darin glasig dünsten (alles zuvor klein schneiden). Die Möhren- und Steckrübenwürfel hinzufügen und anschwitzen lassen, dann mit dem Weißwein ablöschen und etwas reduzieren lassen. Das Ganze mit der Gemüsebrühe aufgießen und etwa 30 bis 40 Minuten bei mittlerer Hitze köcheln lassen. Den Sud mit dem Pürierstab fein pürieren und zwischendrin den Schmand und die Sahne hinzugeben. Zum Schluss mit Salz und Pfeffer abschmecken – fertig.

Tipp:

Vor dem Servieren kann man als Einlage geräucherte Speckwürfel hinzufügen, die man zuvor ein wenig in der Pfanne anbrät, oder frisches Nordseekrabbenfleisch. Zum Sch luss folgt ein kleiner Klacks Crème fraîche pro Teller. Jens Tants: »Die Suppe habe ich mir selbst ausgedacht und das erste Mal zum 3. Geburtstag meiner Tochter Leni als Vorsuppe serviert.«

Herbert Schoer

Marlies – SD33

Fischer zu sein, ist für ihn kein Beruf, sondern eine Bestimmung. »Wenn ich auf See bin, dann kommt ein Gefühl in mir auf, dass ich nicht beschreiben kann – und nie missen möchte«, sagt Herbert Schoer. Dabei stand seine Wiege nicht in einer Fischerkate, sind seine Vorfahren nicht hinausgefahren, um sich auf See zu verdingen. Herbert Schoer ist gelernter Zimmermann, war danach industrieller Arbeitsvorbereiter und hat sich schließlich mit seiner dritten Tätigkeit selbstständig gemacht: Er kaufte sich 1984 den Kutter Marlies und hat sich seither der Fischerei verschrieben. »Ich bin dazu gekommen, weil ich einem Bekannten beim Fischen ausgeholfen hatte – und bin dann dabei hängengeblieben.« Sein Kutter hat Geschichte: Erbaut wurde er 1973 auf der ostfriesischen Werft Diedrich in Oldersum für die Firma Siebrands in Greetsiel. Mit der Kennung »GRE 5« war der Heimathafen der Marlies fortan das weithin bekannte Fischerdorf und Siebelt Poppinga ihr Kapitän. Bis ein tragisches Unglück am 30. Mai 1979 an der Nordseeküste die Runde machte: Bei einer Kollision mit dem liberianischen Frachter Ghent, die sich etwa zwölf Seemeilen nördlich von Langeoog im Großschifffahrtsweg ereignet hatte, war Kapitän Poppinga im dichten Nebel über Bord gegangen und konnte wenige Stunden später nur noch tot geborgen werden. Der Steuermann überlebte die Havarie, der Kutter wurde hernach wieder fahr- und fangklar gemacht und blieb noch bis Mai 1984 im Besitz der Familie Siebrands. Dann wurde die Marlies nach Friedrichskoog verkauft – in jenen Hafen an der Westküste Schleswig-Holsteins mit den meisten registrierten Krabbenkuttern und dem nach Büsum und Husum drittwichtigsten Fischereihafen an der schleswig-holsteinischen Nordseeküste. »Als ich 1984 mit der Marlies anfing, da gab es hier in Friedrichskoog 45 aktive Kutterführer. Heute sind es nur noch 28 Fischer«, erzählt Herbert Schoer.

Dennoch: das Nordseebad Friedrichskoog lebt nach wie vor von seiner maritimen Atmosphäre – die Tradition des Hafens wird nicht zuletzt dann lebendig, wenn alljährlich im Sommer zur Kutterregatta eingeladen und die Krabbenkönigin gewählt wird. Auch nur einen Steinwurf vom Hafen entfernt und touristisch

»Aalsuppe« (für 2 Personen)

Zutaten:
1 l Buttermilch
350 g frischer Aal, küchenfertig ohne Haut
2 Zwiebeln
1 Ei
Essig
Wasser
Zucker
Gewürze: Lorbeer, Pfefferkörner

Zubereitung:
Den abgezogenen Aal in dicke Stücke schneiden, in einen Topf geben und mit Wasser übergießen, damit er »schwimmen« kann. Zwei Tassen Essig, zwei Lorbeerblätter, einige Pfefferkörner und die in Scheiben geschnittenen Zwiebeln hinzufügen und den Fisch darin garen. In der Zwischenzeit die Buttermilch erhitzen; unterdessen ein Eigelb und etwas Zucker verrühren und in die Buttermilch geben. Die Aalstücke aus dem Sud nehmen, die Mittelgräte entfernen und in die heiße Buttermilch geben – fertig!

Tipp:
Statt Aal kann man auch Schinkenspeck als Einlage verwenden. Diese Variante essen Herbert Schoer und seine Familie dann aber unbedingt mit selbst gemachten »Klümp« (Grießklößen).

EIG.HOLLANDS NOORDEN 2011

JENNY - BÜSUM

HOLLANDS NOORDEN 2007

JENNY-BÜSUM

HEIPLOEG B.V.-HOLLAND 1993

EIG.KLAAS PUUL B.V. HOLLAND 1995

HOLLANDS NOORDEN 2009

HEIPLOEG BV-HOLLAND 1990

A. HAMANN

HEIPLOEG ZOUTERS

DEBACQUER

SCHALL HANDELS GMBH

VISVEILING URK MAART 2011

JENNY-BÜSUM

VISAFSLAG LAUWERSOOG BV 2005

HEIPLOEG BV HOLLAND 1995

ein Anziehungspunkt: die Seehundstation Friedrichskoog. Sie besteht seit 1985 und ist die einzige an der schleswig-holsteinischen Küste existierende Einrichtung für die Aufzucht von Heulern.

Herbert Schoer muss nur aus seiner Haustür gehen, davor den Schleusenweg überqueren und den Deich hinauflaufen, dann liegt das Hafenbecken im Nu vor ihm – dort, wo auch jener überdimensionale Wal gestrandet ist, in dem sich Kinder austoben können, wenn draußen »Schietwetter« ist. Doch der ansonsten so ausgeglichene Friedrichskooger runzelt die Stirn, wenn er oben auf der Deichkrone steht und auf den Hafen herunterguckt: »Leider versandet die Einfahrt nach Friedrichskoog immer wieder, sodass viele unserer Leute mit ihren Kuttern in Büsum liegen. Seit in der Elbe gebaggert wird, haben wir das Problem.« Deshalb liegt auch die MARLIES häufig im Büsumer Hafen, der als Tiefwasserhafen einfachere Bedingungen für die Fischer und deren Flotte bietet.

Von hier aus startet Herbert Schoer mit seinem Büsumer Decksmann Carsten Eriksson sonntags zur Fangfahrt auf »Porren« – wie die Schleswig-Holsteiner die Delikatesse aus ihrer Nordsee nennen. Gefischt wird in der »Norder-Piep«, der »Süder-Piep« oder im Bereich »Klei«, in der kalten Jahreszeit sind sie bei der »Amrumbank-West« unterwegs, die sich nordwestlich von Helgoland befindet. »Doch da entsteht demnächst ein Windpark, dann wird das anders«, unkt der 56-Jährige. Mittwochmorgens kommt die MARLIES zum Löschen wieder rein – Abnehmer ist »Krabben-Kock« an der Alten Hafeninsel in Büsum. »Dann geht es ab nach Hause. Eben nach dem Rechten gucken und vor allen Dingen duschen. Gegen Abend fahren wir dann wieder raus bis Freitag.« Sogleich fügt der Kapitän lachend hinzu: »Deshalb habe ich auch keine Dusche an Bord, sonst kommt man nämlich zwischen den Fangfahrten gar nicht mehr nach Hause!« Zwischen zwei bis vier Tonnen Krabben landet Herbert Schoer mit seinem Decksmann die Woche über an. »Die Fangergebnisse sind tiden-, wetter- und windbedingt.«

Freitag ist jener Tag, an dem er neben der erwirtschafteten Müdigkeit auch eine ordentliche Portion Krabben mit nach Hause nimmt. »Die werden dann selbst und sorgsam für den abendlichen Krabbenschmaus gepult!« Seine Frau Telsche, die aus einer uralten Friedrichskooger Fischerfamilie stammt, ist dann für die Bratkartoffeln zuständig. »Da müssen dann richtig dick Krabben drauf – mein Leibgericht!«

An Bord seiner MARLIES – SD33 ist der zweifache Familienvater und Großvater von drei Enkeln – wenn es ums Kochen geht – eher nicht so kreativ. »Schließlich muss es ja meistens schnell gehen. Ich gebe ehrlich zu, häufig gibt es Essen, das Telsche uns vorgekocht hat, deshalb bin ich ein Meister im Warmmachen. Und Carsten muss abwaschen!«

Fisch ist zu Hause oft auf der Speisekarte zu finden und auch dann, wenn man ins Restaurant geht, erzählt Telsche Schoer. Am liebsten isst die ganze Familie »ihren Fisch« und »ihre Krabben« ohne besondere Finessen. Da sind sie allesamt bekennende Puristen. »Damit der Geschmack bleibt – das muss für uns nach Meer schmecken!«

»Bratkartoffeln, Krabben und gepfeffertes Spiegelei« (für 2 Personen)

Zutaten:
500 g Pellkartoffeln, festkochend
2 Zwiebeln
150 g Speck, durchwachsen
Flüssige Margarine
Gewürze: Salz, Pfeffer

Zubereitung:
Die Kartoffeln kochen, abkühlen lasen, danach pellen und in Scheiben schneiden. Die Zwiebeln klein schneiden und mit dem klein gewürfelten Speck anbraten, danach aus der Pfanne nehmen und beiseitestellen. In der Pfanne jetzt die Kartoffeln in flüssiger Margarine braun braten – dabei mit Salz und Pfeffer abschmecken. Zum Schluss die Zwiebel-Speck-Mischung unterrühren. Fertig! Herbert Schoer isst dazu am liebsten »seine Krabben pur« und brät sich dazu Spiegeleier, die er schon in der Pfanne ordentlich pfeffert.

Tipp:
Die Bratkartoffeln gelingen und schmecken besser, wenn man die Kartoffeln bereits am Vortag gekocht hat.

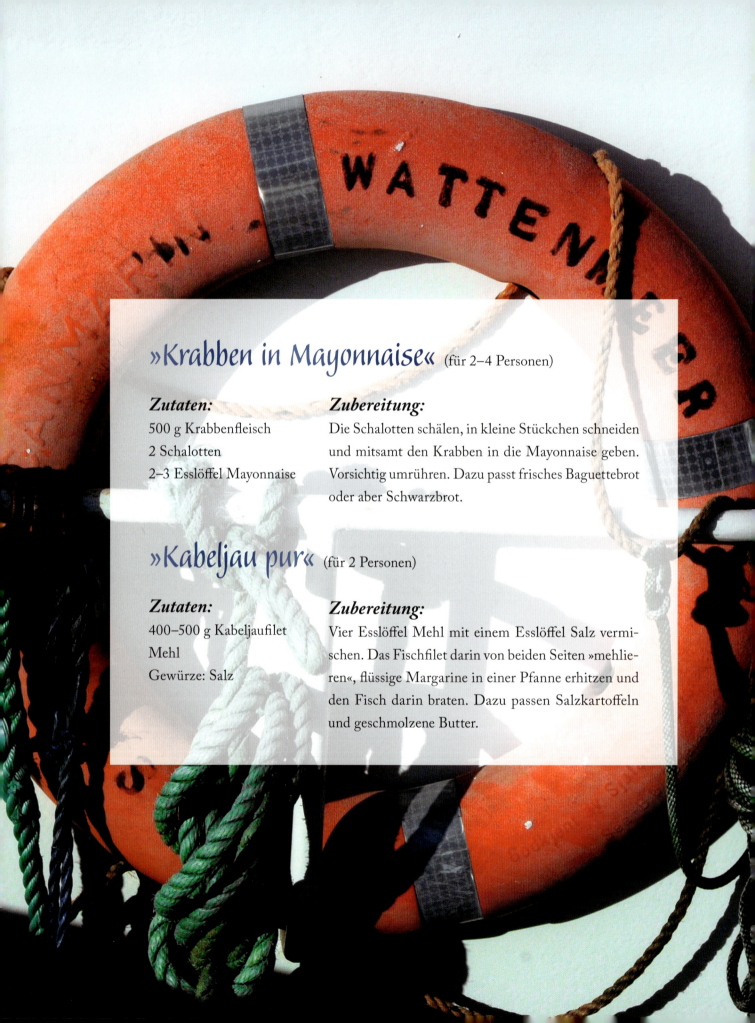

»Krabben in Mayonnaise« (für 2–4 Personen)

Zutaten:
500 g Krabbenfleisch
2 Schalotten
2–3 Esslöffel Mayonnaise

Zubereitung:
Die Schalotten schälen, in kleine Stückchen schneiden und mitsamt den Krabben in die Mayonnaise geben. Vorsichtig umrühren. Dazu passt frisches Baguettebrot oder aber Schwarzbrot.

»Kabeljau pur« (für 2 Personen)

Zutaten:
400–500 g Kabeljaufilet
Mehl
Gewürze: Salz

Zubereitung:
Vier Esslöffel Mehl mit einem Esslöffel Salz vermischen. Das Fischfilet darin von beiden Seiten »mehlieren«, flüssige Margarine in einer Pfanne erhitzen und den Fisch darin braten. Dazu passen Salzkartoffeln und geschmolzene Butter.

»Telsches Gurkensalat«

Zutaten:
2 Schlangengurken
1 große Zwiebel
Essigessenz
Zucker
Speiseöl
Wasser
Petersilie
Gewürze: Salz

Zubereitung:
Die Schalen von den Gurken abschneiden, die Gurken danach in dünne Scheiben hobeln und in eine Schüssel füllen. Die Zwiebel in feine Ringe zerschneiden, diese zu den Gurkenscheiben geben und mit warmem Wasser übergießen. Eine Marinade aus zwei bis drei Esslöffeln Essigessenz, zwei Esslöffeln Öl, vier bis fünf Esslöffeln Zucker und etwas Salz vermischen und über die Gurken gießen. Zum Schluss mit gehackter Petersilie (auch Tiefkühlware ist möglich) bestreuen und mindestens eine Stunde ziehen lassen.
Schmeckt gut zu Bratkartoffeln und Krabbenfrikadellen.

Winter im Hafen von Friedrichskoog. Der Frost hat die Kutter sprichwörtlich auf Eis gelegt.

Holger Reinhold
Friesland – HUS18

Holger Reinhold ist mit 14 Jahren an Bord gegangen, um das Fischerhandwerk bei seinem Vater zu erlernen. »Das kann man sich heutzutage gar nicht mehr vorstellen. Aber das war so.« Dass er dem Vorbild seines Großvaters und Vaters folgen würde, lag für ihn auf der Hand. Auch deshalb, weil er im Husumer Fischerdorf aufgewachsen ist, das in den Jahren nach 1956 in Hafennähe entstanden war. »Und so bin ich nun mal im Hafen groß geworden. Andere Jugendliche hatten Poster von Popgruppen an den Wänden hängen, ich hatte Bilder von Kuttern in meinem Zimmer.« Mit Beginn seiner Lehrzeit zum Fischwirt bekam Holger Reinhold Ölzeug, sein Bruder erhielt als angehender Finanzbeamter ein Sakko nebst Schlips.

1971 hat Holger Reinhold seine ersten »Hols« als Auszubildender gemacht, zehn Jahre später hat er den Kutter FRIESLAND von seinem Vater August übernommen. Das Schiff war 1979 auf der ostfriesischen Werft Lübbe & Voss am Ems-Jade-Kanal in Ihlow gebaut und dort im Jahre 1983 noch einmal um zwei Meter auf 18,70 Meter verlängert worden. Inzwischen dieselt der dritte Motor im Bauch des Kutters mit der Kennung »HUS18«, mit dem Kapitän Reinhold, Geselle Florian Sörens und der Auszubildende Jannik Berg von Husum aus starten. Florian Sörens kommt aus Tönning und stammt wie sein langjähriger Chef aus einer Fischerfamilie mit Tradition. Gefischt wird Tag und Nacht im Bereich der »Inner Heve« im Heverstrom, der nördlich von Eiderstedt durch das nordfriesische Wattenmeer verläuft und den Husumer Hafen durch das Wattenmeer mit der offenen Nordsee verbindet. Auch vor den nordfriesischen Inseln ist die FRIESLAND unterwegs. »Wir fahren sonntags gegen Abend raus und kommen dienstags oder mittwochs wieder rein und löschen. Der zweite Törn zieht sich dann bis Freitag hin«, erzählt Holger Reinhold. »Früher haben wir auch Seezungen gefischt, aber dann habe ich mich allein auf den Fang von Krabben spezialisiert. Die Fische kommen nicht mehr so nah an die Küste, und das weite Hinausfahren rentiert sich für uns nicht mehr.« Zwischen anderthalb bis fünf Tonnen »Porren«, so heißen die Krabben in Husum und umzu, landet Holger Reinhold in der Woche an. Diese werden dann per Lastwagen nach Büsum transportiert, wo

»Krabben-Cocktail«

Zutaten:

50–60 g Krabbenfleisch (pro Person)	Ketchup
1 kleines Glas Salatcreme	1 Zitrone
4 cl Weinbrand	Salatblätter
	Gewürze: Curry, Dill

Zubereitung:

Die Salatblätter abwaschen und abtropfen lassen und je ein Blatt auf den Boden einer Sekt- oder Dessertschale andrücken. Die Salatcreme mit dem Weinbrand vermischen und mit Ketchup und Currypulver abschmecken. Das Krabbenfleisch portionsgerecht in den Schalen verteilen und darüber die Cocktailsauce geben. Zum Schluss mit Dillspitzen und Zitronenecken garnieren. Dazu schmeckt geröstetes und gebuttertes Toast oder Schwarzbrot.

»Oma Rhodes Krabbenfrikadellen«
(für 2–3 Personen)

Zutaten:

500 g Krabbenfleisch	2 Eier
125 g geräucherte Speckwürfel	2 gekochte Kartoffeln
1 mittelgroße Zwiebel	Paniermehl
	Gewürze: Salz, Pfeffer

Zubereitung:

Das Krabbenfleisch, die Speckwürfel, die geschälte und zerkleinerte Zwiebel, die Eier, vier Esslöffel Paniermehl, die zerkleinerten Kartoffeln, einen halben Teelöffel Pfeffer und »Salz nach Geschmack« miteinander vermengen und dann durch die grobe Scheibe des Fleischwolfes drehen. Die Masse zu Frikadellen formen und in Margarine oder Öl braten. Dazu schmecken Kartoffeln in allen Variationen – aber am besten munden die Krabbenfrikadellen pur!

sich die Deutschland-Zentrale des niederländischen Großhändlers Klaas Puul befindet – man muss wissen: die niederländischen Unternehmen Heiploeg und Klaas Puul beherrschen zusammen mindestens 80 Prozent des Nordseekrabbenmarkts in Europa.

Früher, so erinnert sich Holger Reinhold, war das Geschäft mit den Krabben oftmals eine »Familiensache«, und das Pulen geschah in Heimarbeit. »Meine Schwiegermutter auf Nordstrand bekam morgens einen Eimer mit Porren, und nachmittags wurden die geschälten Krabben abgeholt.« Wie sehr die Familie mit dem Fischerhandwerk verbunden ist, wird nicht zuletzt dadurch offenkundig, dass auch seine Schwägerin mit einem Fischer verheiratet ist, schmunzelt der Husumer. Sie ist es auch, die aus der Überlieferung heraus so manches Rezept bereithält, das mit Krabben zu tun hat – »Oma Rohdes«-Krabbenfrikadellen gehören beispielsweise dazu. »Ich kann von Krabben nicht genug bekommen. Die schmecken immer. Die Nordseekrabbe hat nun mal einen unvergleichlichen Eigengeschmack!«, schwärmt Holger Reinhold, der nicht nur die FRIESLAND auf Kurs hält, sondern auch in deren Kombüse das Sagen hat.

»Der Käpt'n kocht, und der Lehrling macht natürlich danach ›klar Schiff‹!« So wie es zu jedem Frühstück pro Mann ein Ei gibt, so versucht Holger Reinhold mittags, wenn es die Abstände zwischen den »Hols« zulassen, »etwas Anständiges« auf den Tisch zu bringen.

Von Anfang Dezember bis Anfang März ist Winterpause auf der FRIESLAND – und somit Zeit für das Überholen des Schiffes, für die Motorenwartung oder für das obligatorische Netzflicken. »Ein Morgen, an dem ich aufwache, und es gibt nichts zu tun, den gibt es nicht«, resümiert der 56-Jährige. »Das habe ich mir damals so ausgesucht und nie bereut. Ich habe meine Unabhängigkeit immer genossen. Die Freiheit. Und die Möglichkeit, dass ich jeden Tag neu herausgefordert werde.« Eine jener Herausforderungen war zweifelsohne jener »Fang«, der ihm eines Nachts statt der begehrten Seezungen ins Netz ging. »Bei näherer Betrachtung entpuppte sich die alte Boje am nächsten Morgen als englische Ankertaumine. Da haben wir doch besser unsere Fangreise abgebrochen und rasch zugesehen, dass wir in den Hafen kamen.« Dort wurde der Sprengkörper vom Kampfmittelbeseitigungsdienst vorsichtig an Land gehievt und fachmännisch entschärft. »Glück gehabt«, lacht der Husumer.

Das Einzige, was er rückblickend nach vier Jahrzehnten Fischerleben bedauert, ist die Tatsache, dass er über die Jahre so wenig Zeit mit seinen beiden Söhnen verbringen konnte. »Die Frauen von uns Fischern sind im Grunde genommen Alleinerziehende. Auch habe ich nie einen Sommer an Land verbracht. Das letzte Mal mit 14 Jahren – bevor es zu meinem Vater an Bord ging.« Deshalb: Schon jetzt freut sich Holger Reinhold auf seinen ersten Sommer zu Hause. Dann, wenn er spätestens mit 60 Jahren die FRIESLAND an einen Käufer abgeben kann. »Und mein Traum ist es, einmal die Nordsee mit dem Rad abzufahren.«

»Krabbensuppe« (für 4–6 Personen)

Zutaten:
1,5 kg Krabben
(ergibt etwa 500 g Krabbenfleisch)
Margarine
Mehl
1 Tube Tomatenmarkkonzentrat
1 Packung passierte Tomaten
Weißwein (oder Weinbrand oder Whiskey)
Sahne
Zucker
Gewürze: Salz, Pfeffer

Zubereitung:
Die Krabben pulen (ausschließlich Krabben ohne Konservierung kaufen, zum Beispiel frisch vom Kutter). Die Krabbenschalen mit Wasser bedecken und aufkochen, den Sud eineinhalb bis zwei Stunden ziehen lassen und dann durch ein Sieb gießen. Aus einem großen Esslöffel Margarine und fünf Esslöffeln Mehl eine Schwitze herstellen und diese mit einer viertel Tube Tomatenmarkkonzentrat und einer halben Packung passierter Tomaten verrühren. Das Ganze mit dem Krabbensud und etwas Wasser auffüllen und unter ständigem Rühren aufkochen lassen. Die Suppe mit einer Tasse Weißwein, einer Tasse Sahne, wenig Salz, reichlich Pfeffer und einer Prise Zucker abschmecken. Die Suppe (zirka eineinhalb Liter Flüssigkeit) sollte jetzt nicht mehr kochen, sondern nur noch ziehen. Achtung: Beim Anrichten zuerst die Tassen mit der Suppe befüllen und erst zum Schluss das Krabbenfleisch portionsgerecht hinzufügen. Denn: »Schwimmen« die Krabben erst mal in der heißen Suppe, werden sie rasch hart!

Tipp:
Statt des Krabbensuds kann man auch Hummerkrebspaste mit einer entsprechenden Menge Wasser verwenden.

Foto: Gerold Conradi

»Porren-Pann« (für 2 Personen)

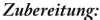

Zutaten:
350–400 g Krabbenfleisch Milch
Mehl Petersilie
Butter Gewürze: Salz, Pfeffer

Zubereitung:
Zwei Esslöffel Butter in einer Pfanne erhitzen und dann zwei Esslöffel Mehl hinzufügen. So viel Milch hinzugeben, bis die gewünschte Konsistenz der Mehlschwitze erreicht ist, aufkochen und dabei rühren, damit die Flüssigkeit nicht anbrennt. Mit reichlich Pfeffer und Salz abschmecken. Zum Schluss werden die gehackte Petersilie und das Krabbenfleisch hinzugefügt. Achtung: Die Soße darf nun nicht mehr kochen, sondern nur noch ein wenig durchziehen, damit die Krabben nicht zäh werden! Dazu reicht man Salz- oder kleine Pellkartoffeln.
Die »üppige« Variante von »Porren-Pann«:
Bei der Zubereitung der Mehlschwitze eine kleine gehackte Zwiebel hinzufügen (in der Butter andünsten) und statt der Milch mit Sahne auffüllen. Das macht die Krabbenpfanne nach dem Rezept von Inge Rhode (Schwägerin von Holger Reinhold) ungleich gehaltvoller.

Foto: Heinrich Folkerts

Jan Ohrt

Columbus – PEL33

Sie sind zwei Brüder, die sich wie ihre Vorfahren der Fischerei verschrieben haben. Jan und Hermann Ohrt gehen diesem Handwerk auf See in vierter Generation nach – und können und wollen sich so gar nichts anderes vorstellen. Ihr Zuhause und Heimathafen ist Pellworm, die drittgrößte nordfriesische Insel im Nationalpark Schleswig-Holsteinisches Wattenmeer. Auf dem Eiland, das im Sommer als Nordseeheilbad von vielen Touristen frequentiert wird, leben rund 1.000 Menschen. Das »Zentrum« Pellworms ist im Osten der kleine Hafen von Tammensiel. Hier liegen die Kutter der sieben Fischer der Insel – und sorgen für das bei den Gästen so beliebte maritime Flair.

Die zwei Brüder haben zwei Schiffe. »Mit meinem Tümmler habe ich mich 2004 selbstständig gemacht«, erzählt Jan Ohrt. Als er den 16 Meter langen Kutter, der 1985 auf der Werft Lübbe Voss in Ostfriesland gebaut worden war, übernahm, war der Sohn vom weithin bekannten Pellwormer Fischer »Jeje« gerade mal 27 Jahre alt. Seine Lehre zum Fischwirt hatte er bei seinem Vater auf dessen Kutter Norderoog absolviert; heute dümpelt das Boot in Warnemünde als Verkaufsschiff. »Ich erinnere mich genau. Am 1. August 1993 bin ich an Bord gegangen«, schmunzelt der Pellwormer. Zehn Jahre später nahm er ein eigenes Ruder in die Hand: Aus der »SD 32« mit Heimathafen Friedrichskoog wurde so die »PEL 32«, der Name Tümmler blieb. Gerade mal vier Jahre später kam ein zweiter Kutter hinzu: die Columbus – PEL33. Ein Neubau, der in den Niederlanden vom Stapel lief. Eigner: Jan und Hermann Ohrt. »Wir haben uns mit der Columbus einen Kutter mit flachem Rumpf bauen lassen, damit wir damit besser im Watt fischen können. Deshalb ist sein Tiefgang nur bei 1,30 Meter«, beschreibt Jan Ohrt. Die Grundschleppnetze der Columbus werden hauptsächlich rund um Pellworm und »von der Elbe bis an die dänische Grenze« ausgebracht. Zwei bis drei Tage ist der junge Kapitän mit seinem Angestellten Sven Jensen und seinem Lehrling Tobias Ebener am Stück auf See unterwegs. »Dabei gilt der Grundsatz: Zwischendrin gehen wir immer mal sechs Stunden vor Anker, um zu schlafen. Wir suchen uns dann entsprechenden Schutz hinter den Inseln oder Sänden.« Die jeweilige Krab-

»Steinbutt-Pfanne« (für 4 Personen)

Zutaten:

800 g Steinbuttfilet
4 große Tomaten
1 Zwiebel
1 Becher Schmand oder Crème fraîche
Olivenöl
Petersilie
Gewürze: Salz, Pfeffer

Zubereitung:

Die Zwiebel in Ringe schneiden und leicht in Olivenöl anbraten. Die Fischfilets von beiden Seiten ein wenig salzen und auf die Zwiebelscheiben legen. Die gehäuteten Tomaten in Scheiben schneiden, auf dem Fisch verteilen und mit Pfeffer und Salz würzen. Abschließend den Schmand löffelweise auf den Tomaten verteilen und das Ganze in der Pfanne zirka 20 Minuten leicht schmoren lassen. Vor dem Servieren mit frischer Petersilie verzieren. Dazu passen Reis oder Salzkartoffeln. »Statt des Steinbutts kann man auch Kabeljau oder Ähnliches verwenden«, meint Hermann Ohrt, auf den auch dieses Rezept zurückgeht.

benladung wird im Hafen Strucklahnungshörn auf der Halbinsel Nordstrand gelöscht – vom dortigen Hafen aus besteht übrigens eine regelmäßige, weil tideunabhängige Fährverbindung nach Pellworm. Die Krabben werden per Lastwagen zur Firma Stührk Delikatessen geliefert, die ihren Sitz im schleswig-holsteinischen Marne hat. Indessen wird auf der COLUMBUS dann schon wieder »klar Schiff« für die nächste Fangfahrt gemacht. »Mein Bruder und ich wechseln uns Woche um Woche auf der COLUMBUS ab, während auf der TÜMMLER vor drei Jahren Birger Zetl eingestiegen ist und das Schiff seither fährt.«

Ist Jan Ohrt als Kapitän an Bord der COLUMBUS, dann ist er in jener Zeit auch Chef in der Kombüse. Da er auch zu Hause für seine junge Familie kocht, ist die Tätigkeit am Herd für ihn eine Selbstverständlichkeit – und ein willkommener, weil kreativer Spaß. Dabei lebt er sein Faible für die Besonderheiten der schleswig-holsteinischen Küche aus, die nicht selten mit Gerichten aufwartet, in denen Süßes mit Deftigem kombiniert wird – beispielsweise Birnen, Bohnen und Speck. Auch Süßsaures ist dort beliebt. »Natürlich kann ich mich an Krabben nicht überessen. Am liebsten esse ich sie pur und die meisten sicherlich so nebenbei. Aber ich mag auch gerne ein Stück Fleisch im Topf oder in der Pfanne haben«, verrät Jan Ohrt. Da er in seiner Freizeit dem Hobby Jagen frönt, pflegt er einen ordentlichen Vorrat. »Als Jäger liebe ich Wildgerichte, und ich muss gestehen, ich habe kaum etwas anderes als Wild in der Tiefkühltruhe. Ich jage drei bis vier Mal im Jahr in Lauenburg – bei Vollmond, denn das ist wichtig –, und auf Pellworm schieße ich Niederwild wie Hasen, Enten oder Tauben.« Eine Spezialität von ihm ist deshalb seine »Frische Suppe«, in der er Tauben zubereitet. Diese Suppe, die er – durch und durch Schleswig-Holsteiner – mit Milchreis und Rosinen serviert, ist sein Leibgericht. Und sie ist deshalb »nordfriesisch«-raffiniert, weil er dabei Rosinen verwendet, welche ja die bereits erwähnte Süße zum Salzigen hervorbringen.

Eine weitere Leidenschaft des 36-Jährigen ist zweifelsohne die »Meeräschen«-Fischerei – eine Leidenschaft, die, so muss es einen nicht verwundern, auch sein Bruder Hermann teilt. Die dicklippige und äußerst scheue Meeräsche ist sommers in größeren Schwärmen auch in der Nordsee anzutreffen, wo sie sich in Küstennähe tummelt. Ihr Fleisch ist schmackhaft, die Franzosen schätzen ihren Rogen als Delikatesse – genannt »poutargue de Martigue«. Diesen Fisch ins Netz zu bekommen, erweist sich jedes Mal als Herausforderung. »Und das ist für einen Fischer natürlich besonders reizvoll«, lacht Jan Ohrt.

»Frische Suppe« (für 4 Personen)

Zutaten:

3 Tauben (oder ein Suppenhuhn)

1 Paket frisches Suppengemüse: Karotten, Porree, Knollensellerie

250 g Milchreis

Rosinen

Gemüsebrühe

Liebstöckel

Gewürze: Salz, Pfeffer

Zubereitung:

Die küchenfertigen Tauben in einen größeren Topf geben, das geputzte und klein geschnittene Suppengemüse hinzufügen und mit Wasser auffüllen. Eine dem Wasser entsprechende Menge Gemüsebrühe (gekörnt oder Würfel) hinzufügen und die Tauben bei mittlerer Hitze garen. Dann das Fleisch von den Skeletten lösen und dieses in die Suppe legen – nicht zuletzt für die Optik mit Liebstöckel und nach Bedarf mit Salz und Pfeffer (nach)würzen. In der Zwischenzeit den Milchreis in einem Liter Wasser (!) kochen. »Für die besondere Süße koche ich die Rosinen im Milchreis mit – und da sollte man nicht an einer Rosine sparen«, schmunzelt Jan Ohrt. Serviert wird dieses Gericht folgendermaßen: Einen »Schlag« Milchreis (mit den Rosinen) in einen tiefen Teller geben und mit Suppe übergießen. Fertig!

»Boddermelksopp un Klümp« (für 2 Personen)

Zutaten:

1 l Buttermilch
Pudding-Pulver (Vanille)
250 g Quark
1 Ei

Grieß
Speisestärke
Sonnenblumenöl
Zucker

Zubereitung:
Den Quark, das Ei, zwei Esslöffel Sonnenblumenöl, zwei Esslöffel Zucker, sechs Esslöffel Grieß und einen Esslöffel Speisestärke miteinander vermengen und aus der Masse mit zwei Esslöffeln »Klümp« (Klöße) formen. Die »Klümp« in siedendem Wasser gar ziehen lassen. Derweil die Buttermilch unter Rühren erhitzen, drei bis vier Esslöffel Zucker hinzufügen und mit zwei gestrichenen Esslöffeln Puddingpulver andicken. Zum Schluss die »Klümp« in die Suppe geben und servieren. Oder die »Klümp« portionsgerecht auf die Teller geben und mit Suppe auffüllen. Übrigens: Diese süße Suppe, die Hermann Ohrt als Überlieferung von Großtante Itje zubereitet, kann als »Spezialität« auf der Columbus angesehen werden.

Foto: Gerold Conradi

Krabbenfischen

Angestammte Fanggründe für die Pellwormer Krabbenfischerei sind die Fahrwasser und Priele rund um die Insel. So können nach Auslaufen aus dem Hafen bereits nach 2-3 Seemeilen die Netze ausgelegt werden.

Die Ausleger werden ausgeschwenkt und die Netze an den Baumkurren (Kufen und Kurrbaum) zu Wasser gelassen.

Bei geringer Fahrt mit der Strömung werden die Netze zu Wasser gelassen.

(Kuttergrafiken J. Winterling)

Die Fangart

Das Netz breitet sich nun auf dem Meeresboden aus. Der Fang kann beginnen. Die Nordsee-Garnelen oder Krabben (plattd.: Porrn) halten sich oft im sandigen Grund auf. Der Kurrbaum gleitet auf den Kufen über den Boden. Die Gummirollen schützen die Netzkante vor Beschädigungen und erzeugen eine leichte Vibration. Dadurch sollen die Krabben aus dem Meeresboden in das Netz gelockt werden. Im engmaschigen Ende des trichterförmigen Netzes, genannt "Steert", im Plattdeutschen für "Schwanz", sammelt sich der Fang.

Fotos: Heinrich Folkerts

Krabbenpulanleitung der »Butjadinger Fischereigenossenschaft eG«:

Schritt 1:
Den Kopfteil der Nordseekrabbe in die linke Hand nehmen und festhalten, den Schwanzteil in die rechte Hand nehmen.

Schritt 2:
Mit der rechten Hand das Schwanzteil hinter dem 2. und 3. Schalenring drehen, damit sich die Schale im Gelenk löst.

Schritt 3:
Die Schale des Schwanzteiles mit der rechten Hand vom Fleisch abziehen.

Schritt 4:
Während die linke Hand das Kopfteil festhält (leichter Druck hilft eventuell, die Krabbe aus der Schale zu lösen), zieht man mit der rechten Hand den Granat vorsichtig aus der Schale.

Ich möchte mich herzlich bei den Fischern bedanken, die mir die Türen zu ihren Kombüsen geöffnet haben und Spaß daran hatten, mit mir über Gott und ihr Meer zu plaudern.
Besonders danken möchte ich Gerold Conradi aus Greetsiel. Er hat es möglich gemacht – mal per Küsten-Funk, mal per Küsten-Klatsch –, dass ich allenthalben an Bord willkommen war und die Botschaft von diesem Kochbuch an der Nordseeküste Wellen schlägt.

Wer nicht drin ist, muss nicht traurig sein!
Wenn dieses Buch ein Erfolg wird, gehen wir in Serie!

Ahoi! Silke Arends

Wie ein Schnaps zum Symbol für die deutsche Küste wurde...

Woran denken Sie, wenn Sie an unsere Küsten von Nord- und Ostsee denken? Strandkörbe...Leuchttürme...Dünen und Watt? Alles richtig. Und doch ist es für viele Einheimische und Besucher ein norddeutscher Schnaps, der die Sehnsucht nach dem Leben an der Küste am vollkommensten in sich trägt und dazu einlädt, diese Welt mit Freunden immer wieder zu teilen: KÜSTENNEBEL!

Die gleiche Freiheit, die jeder hier oben am Meer empfindet, nimmt sich auch KÜSTENNEBEL; was bin ich?...ein anregender Aperitif?...ein wohltuender Digestif?...eine originelle Abrundung zum Bier?...ein guter Begleiter für Fisch oder Fleisch? Der unverwechselbare Klassiker aus Eckernförde lässt sich nicht festlegen. Also bleibt er wie er ist und immer sein wird: Authentisch, unaufgeregt, und ein bisschen skurril, wie ein richtiges Nordlicht eben; denn Sternanis, das prägende Aroma des leckeren Originals, findet sich im Norden Deutschlands ebenso wenig wie Mandeln...aber das hat auch einen Klassiker aus Marzipan, im maritimen Lübeck hergestellt, nicht daran gehindert, Weltruhm zu erlangen. In diesem Sinne: Auf den Norden, zum Wohl mit KÜSTENNEBEL!

Krabben im **Küstennebel**

Zutaten für 4 Personen:
- 400 g Krabbenfleisch
- 200 g Suppengemüse
- 0,2 l Sahne
- 4 EL Crème fraiche
- 0,15 l Weißwein
- 6-8 cl Küstennebel
- 2-4 TL Fleischextrakt
- Salz, Pfeffer

Zubereitung: Krabben kurz in heißem Öl anbraten, herausnehmen. Kleingewürfeltes Suppengemüse im Öl glasig werden lassen. Durch ein Sieb das Öl abgießen. Die Pfanne dann mit dem Weißwein und dem Küstennebel ablöschen, zum Kochen bringen und einkochen. Sahne, Crème fraiche und Fleischextrakt hinzugeben, sowie das Gemüse. Wieder reduzieren. Ist die gewünschte Konsistenz erreicht, Krabben darin kurz warmziehen und servieren. Das feingeschnittene Grün von Lauchzwiebeln darüber streuen.

Matjes & Mehr

Zutaten für 4 Personen:
- 8 Salzheringe
- 1/8 l Weinessig
- 1/8 l saure Sahne
- 1 EL Zucker
- 4 cl Küstennebel
- 1 Apfel
- 3 Lorbeerblätter
- 8 Pfefferkörner schwarz
- 8 Pimentkörner
- 2 Chilischoten
- 3 Zwiebeln
- 2 Gewürzgurken

Zubereitung: Heringe säubern und mindestens 12 Stunden wässern. Dann von der Haut befreien und in drei Teile schneiden. Essig, saure Sahne und Zucker verrühren. Küstennebel dazugeben. Apfel schälen, reiben und mit den Lorbeerblättern, Pfeffer- und Pimentkörnern und Chilischoten in die Marinade geben. Zwiebeln schälen und mit den in Streifen geschnittenen Gewürzgurken ebenfalls unter die Marinade mischen. Heringsstücke in ein geschlossenes Gefäß mit der Marinade schichten. Gefäß gut verschließen und mind. 24 Std. ziehen lassen.